U1075800

学习贯彻习近平新时代中国特色社会主义经济思想

做好“十四五”规划编制和发展改革工作

| 系列丛书 |

打造国际一流营商环境

丛书编写组　编著

中国计划出版社　中国市场出版社 China Market Press

·北京·

图书在版编目（CIP）数据

打造国际一流营商环境 / 学习贯彻习近平新时代中国特色社会主义经济思想 做好“十四五”规划编制和发展改革工作系列丛书编写组编著. -- 北京 : 中国计划出版社 : 中国市场出版社有限公司, 2020.8（2023.4重印）
（学习贯彻习近平新时代中国特色社会主义经济思想 做好“十四五”规划编制和发展改革工作系列丛书）
ISBN 978-7-5182-1218-7

Ⅰ. ①打… Ⅱ. ①学… Ⅲ. ①习近平新时代中国特色社会主义思想－学习参考资料②投资环境－中国－学习参考资料 Ⅳ. ①D610②F832.48

中国版本图书馆CIP数据核字(2020)第160113号

打造国际一流营商环境

DAZAO GUOJI YILIU YINGSHANG HUANJING

编　　著：丛书编写组
责任编辑：李　陵　常欣悦
装帧设计：蒋宏工作室

出版发行：中国计划出版社　中国市场出版社
社　　址：北京市西城区木樨地北里甲11号国宏大厦C座3层（100038）
电　　话：（010）63906433（发行部）
网　　址：www. jhpress. com

印　　刷：北京汇瑞嘉合文化发展有限公司
规　　格：170mm × 240mm　　1/16开本
印　　张：15.5　　字　　数：161千字
版　　次：2020年8月第1版　　印　　次：2023年4月第6次印刷
书　　号：ISBN 978-7-5182-1218-7
定　　价：40.00元

版权所有　侵权必究　　印装差错　负责调换

前 言

优化营商环境，是以习近平同志为核心的党中央根据新形势新发展新要求审时度势作出的重大决策部署，是增强微观主体活力、释放全社会创新创业创造动能的重要举措，是健全政府管理体系、推进国家治理体系和治理能力现代化的重要内容，也是进一步扩大对外开放、发展更高层次开放型经济的重要保障。习近平总书记高度重视优化营商环境工作，多次对优化营商环境工作作出重要指示，强调营商环境是企业生存发展的土壤。中国将继续针对制约经济发展的突出矛盾，在关键环节和重要领域加快改革步伐，以国家治理体系和治理能力现代化为高水平开放、高质量发展提供制度保障。习近平总书记关于优化营商环境的重要论述，科学回答了新时代加快优化我国营商环境的一系列根本性问题，是指导推进优化营商环境工作的思想武器和行动指南，为我们持续做好优化营商环境工作指明了前进方向、提供了根本遵循。

为深入学习贯彻习近平总书记关于优化营商环境的重要论述，以习近平新时代中国特色社会主义经济思想为指导进一步扎实做好“十四五”期间优化营商环境各项工作，我们编写了《学习贯彻习近平新时代中国特色社会主义经济思想 做好“十四五”规划编制和发展改革工作》系列丛书之《打造国际一流营商环境》，深刻阐释了习近平新时代中国特色社会主义经济思想对打造国际一流营商环境的重大意义，深入阐述了学习贯彻习近平总书记关于优化营商环境重要论述的深刻体会，全面展现了“十三五”时期我国优化营商环境工作取得的显著成效，深刻剖析了当前我国优化营商环境面临的新形势，针对性提出加快“十四五”时期优化营商环境的思路举措。

我们衷心希望，本书的出版能够进一步推动习近平新时代中国特色社会主义经济思想在“十四五”时期优化营商环境各项工作中落地生根，广泛凝聚社会共识，不断增强工作合力，营造全社会共同参与营商环境建设的良好氛围，以新气象、新担当、新作为加快打造市场化、法治化、国际化的一流营商环境！

本书编写组

2020 年 8 月

目 录

第一章

深刻认识习近平新时代中国特色社会主义经济思想对打造国际一流营商环境的重大意义

第二章

学习贯彻习近平总书记关于优化营商环境重要论述的深刻体会

第三章

党的十八大以来优化营商环境实践成就

第一章

深刻认识习近平新时代中国特色社会主义经济思想对打造国际一流营商环境的重大意义

中国特色社会主义进入新时代，习近平总书记鲜明提出打造国际一流营商环境的时代命题。优化营商环境，做好招商、安商、稳商工作，营造激励企业家干事创业的浓厚氛围，不断增强外商长期投资经营的信心，建设开放型经济新体制，推动我国经济持续健康发展，习近平新时代中国特色社会主义经济思想既有统筹国内国际两个大局的宏伟顶层设计，也有面向实践的路径抓手，领航引向，激荡起不断前进的力量。中国营商环境取得举世瞩目的长足进步，焕然一新。

乘风破浪，行稳致远。面向未来，世界正处在快速变化的历史进程之中，世界经济正在发生更深层次的变化，中国营商环境赶超国际先进水平面临机遇和挑战。习近平新时代中国特色社会主义经济思想必将凝聚起磅礴伟力，引领我们洞察世界经济发展趋势，找准方位、把握规律、果敢应对，持续深化改革、全方位推进创新，不断培育发展新动力、打造发展新优势、创造发展新机遇，引领中国形成更加稳定公平透明、可预期，更有吸引力的国际一流营商环境。

第一节

开辟优化营商环境新境界

今天的中国，已经站在新的历史起点上。习近平主席指出，这个新起点，就是中国全面深化改革、增加经济社会发展新动力的新起点，就是中国适应经济发展新常态、转变经济发展方式的新起点，就是中国同世界深度互动、向世界深度开放的新起点。[1]

习近平新时代中国特色社会主义经济思想丰富了营商环境的内涵，扩展了营商环境的外延，赋予优化营商环境新的时代意义。优化营商环境在经济社会发展中的作用、地位提升到全新的层次和水平，不仅要利企便民，更要肩负激发市场活力、推动高质量发

[1]《中国发展新起点 全球增长新蓝图——在二十国集团工商峰会开幕式上的主旨演讲》，《人民日报》2016 年 9 月 4 日。

展、推进国家治理体系和治理能力现代化的时代任务，不断开辟新境界。

一、营商环境是企业生存发展的土壤

土沃则稻香。习近平主席强调，营商环境是企业生存发展的土壤。[1] 企业正常生产就能保障国家经济正常运行，就能给大家创造就业机会。[2] 企业是经济的基本细胞，细胞活力四射，经济才会身强体健。

营商环境是指企业等市场主体在市场经济活动中所涉及的体制机制性因素和条件。良好的营商环境能够为企业创造安心谋发展的便利条件和市场环境，促进市场主体参与市场竞争、激发市场活力、创造社会财富。

企业活则经济活，企业强则经济强。激发市场活力，就是要把该放的权放到位，该营造的环境营造好，该制定的规则制定好，让企业家有用武之地。持续深化简政放权、放管结合、优化服务改革，最大限度减少政府对市场资源的直接配置，最大限度减少政府对市场活动的直接干预，加强和规范事中事后监管，着力提升政务

[1]《开放合作 命运与共——在第二届中国国际进口博览会开幕式上的主旨演讲》，《人民日报》2019 年 11 月 6 日。

[2]《习近平在浙江考察时强调 统筹推进疫情防控和经济社会发展工作 奋力实现今年经济社会发展目标任务》，《人民日报》2020 年 4 月 2 日。

服务能力和水平，切实降低制度性交易成本，更大激发市场主体活力和创造力，增强企业内在活力、市场竞争力、发展引领力，增强发展动力。

优化营商环境应当坚持市场化、法治化、国际化原则，以市场主体需求为导向，以深刻转变政府职能为核心，创新体制机制、强化协同联动、完善法治保障，对标国际先进水平，为各类市场主体投资兴业营造稳定公平透明、可预期的良好环境。一个更加优质的营商土壤，将让企业家们更加心无旁骛谋发展，激发更多市场活力和发展动力，带来更多机遇、共创美好未来。

二、优化营商环境，推动经济高质量发展迈出更大步伐

高质量发展，就是从“有没有”转向“好不好”。习近平总书记指出，中国特色社会主义进入了新时代，我国经济发展也进入了新时代，基本特征就是我国经济已由高速增长阶段转向高质量发展阶段。推动高质量发展，是保持经济持续健康发展的必然要求，是适应我国社会主要矛盾变化和全面建成小康社会、全面建设社会主义现代化国家的必然要求，是遵循经济规律发展的必然要求。[1]

良好的营商环境是建设现代化经济体系、促进高质量发展的重

[1]《中央经济工作会议在北京举行》，《人民日报》2017 年 12 月 21 日。

要基础。高质量发展的本质内涵是高效、公平和可持续的发展，具体体现为资源配置效率高、产品服务质量高、技术水平不断升级等。经济从高速增长转向高质量发展，既要求发展方式和增长路径的转变，更要求体制变革和机制创新。

优化营商环境是发展的体制性、制度性安排，营商环境的优劣直接影响市场主体的兴衰、生产要素的聚散、发展动力的强弱。通过优化营商环境，能够打破制约资金、劳动力、土地、技术等要素自由流动的障碍，促进要素流动，提高资源的配置效率，提升自主创新能力，促进新旧动能转换，培育增长新动能，不断开辟出经济高质量发展的新空间。

三、优化营商环境，促进形成强大国内市场

着力优化营商环境，培育壮大新动能，促进形成强大国内市场。习近平总书记指出，我国市场规模位居世界前列，今后潜力更大。[1] 要增强国内消费对经济发展的基础性作用，积极建设更加活跃的国内市场，为中国经济发展提供支撑，为世界经济增长扩大空间。中国 14 亿人口的大市场必将成为世界经济的增长之源、活力之源。

促进形成强大国内市场是深入推进供给侧结构性改革的应有

[1]《中央经济工作会议在北京举行》，《人民日报》2018 年 12 月 22 日。

之义，是满足人民美好生活需要的必要条件，是稳定社会预期和提振市场信心的有力支撑，是充分彰显大国担当的主动选择。促进形成强大国内市场，要更多采取改革的办法，更多运用市场化、法治化手段，加快破除制约国内市场发展的体制机制问题。建立公平开放透明的市场规则和法治化营商环境，降低各类营商成本，激发市场活力、内生动力，提升中长期发展潜力，在经济良性循环和供需动态平衡中，提升国民经济整体水平，增强发展的平衡性、协调性和可持续性，促进经济平稳健康发展，加快形成以国内大循环为主体、国内国际双循环相互促进的新发展格局。

四、优化营商环境，推进更高水平对外开放

开放带来进步，封闭必然落后。习近平总书记指出，中国的发展离不开世界，世界的繁荣也需要中国。[1] 当前，国际经济合作和竞争局面正在发生深刻变化，全球经济治理体系和规则正在面临重大调整，引进来、走出去在深度、广度、节奏上都是过去所不可比拟的，应对外部经济风险、维护国家经济安全的压力也是过去所不能比拟的。[2]

现在的问题不是要不要对外开放，而是如何提高对外开放的

[1]《在庆祝改革开放 40 周年大会上的讲话》，《人民日报》2018 年 12 月 19 日。
[2]《在党的十八届五中全会第二次全体会议上的讲话（节选）》（2015 年 10 月 29 日），《求是》2016 年第 1 期。

质量和发展的内外联动性。建设开放型经济新体制，一个重要目的就是通过开放促进我们自身加快制度建设、法规建设，改善营商环境和创新环境，降低市场运行成本，提高运行效率，提升国际竞争力。中国优化营商环境、扩大开放的举措，是根据中国改革发展客观需要作出的自主选择，这有利于推动经济高质量发展，有利于满足人民对美好生活的向往，有利于世界和平、稳定、发展。

五、优化营商环境，推进国家治理体系和治理能力现代化

万物得其本者生，百事得其道者成。习近平总书记指出，随着中国特色社会主义进入新时代，我国发展处于新的历史方位，我国社会主要矛盾已经转化为人民日益增长的美好生活需要和不平衡不充分的发展之间的矛盾，我国国家治理面临许多新任务新要求，必然要求中国特色社会主义制度和国家治理体系更加完善、不断发展。[1]

国家治理体系和治理能力是一个国家制度和制度执行能力的集中体现。推进国家治理体系和治理能力现代化，就是要适应时代变化，既改革不适应实践发展要求的体制机制、法律法规，又不断构

[1]《坚持和完善中国特色社会主义制度推进国家治理体系和治理能力现代化》（2019 年 10 月 31 日），《求是》2020 年第 1 期。

建新的体制机制、法律法规，推动各方面制度更加成熟更加定型。

持续优化营商环境，是健全政府管理体系，推进国家治理体系和治理能力现代化的重要内容。持续优化营商环境，就要不断推进理论创新、制度创新、科技创新、文化创新以及其他各方面创新，坚决破除一切不合时宜的思想观念和体制机制弊端，突破利益固化的藩篱。针对制约经济发展的突出矛盾，在关键环节和重要领域加快改革步伐，推进国家治理体系和治理能力现代化，为高水平开放、高质量发展提供制度保障，为决胜全面建成小康社会、开启全面建设社会主义现代化国家新征程提供强大动力。

第二节

激发市场化营商环境新活力

全面深化改革，就要激发市场蕴藏的活力。习近平总书记指出，让市场在所有能够发挥作用的领域都充分发挥作用，推动资源配置实现效益最大化和效率最优化，让企业和个人有更多活力和更大空间去发展经济、创造财富。[1]

习近平新时代中国特色社会主义经济思想引领持续优化营商环境，使市场在资源配置中起决定性作用，更好发挥政府作用，推动构建市场机制有效、微观主体有活力、宏观调控有度的经济体制，为市场主体创造更大干事创业空间，不断催生发展新活力。

---

[1]《习近平在中共中央政治局第十五次集体学习时强调 正确发挥市场作用和政府作用 推动经济社会持续健康发展》，《人民日报》2014 年 5 月 28 日。

一、厘清政府和市场的关系，保护和激发市场主体活力

深化经济体制改革，核心是处理好政府和市场关系。习近平总书记指出，发挥政府作用，不是简单下达行政命令，要在尊重市场规律的基础上，用改革激发市场活力，用政策引导市场预期，用规划明确投资方向，用法治规范市场行为。[1]

厘清政府和市场的关系，讲辩证法、两点论，“看不见的手”和“看得见的手”都要用好。关键是加快转变政府职能，该放给市场和社会的权一定要放足、放到位，该政府管的事一定要管好、管到位，坚决扭转政府职能错位、越位、缺位现象。

持续优化营商环境，政府要更多从管理者转向服务者，为企业服务，为推动经济社会发展服务，推动进一步完善市场机制，打破行业垄断、进入壁垒、地方保护，增强企业对市场需求变化的反应和调整能力，提高企业资源要素配置效率和竞争力。既要“有效的市场”，也要“有为的政府”，深化行政体制改革，从广度和深度上推进市场化改革，推动资源配置实现效益最大化和效率最优化。

[1]《习近平在中共中央政治局第三十八次集体学习时强调 把改善供给侧结构作为主攻方向 推动经济朝着更高质量方向发展》，《人民日报》2017 年 1 月 23 日。

二、加强和创新宏观调控，更好发挥政府作用

相机抉择，开准药方。习近平总书记指出，我们必须全面把握总供求关系新变化，科学进行宏观调控，适度干预但不盲目，必要时在把握好度的前提下坚定出手，平衡好增强活力和创造环境的关系，真正形成市场和政府合理分工、推动发展新模式。[1]

实施宏观调控，要更加注重引导市场行为和社会心理预期，增强政策透明度和可预期性，加强同市场行为主体的沟通融合，在提高宏观调控科学性的同时，提高宏观调控艺术性。用改革的精神、思路、办法改善宏观调控，科学把握宏观调控政策框架，保持政策连续性和稳定性。

加快建立与高质量发展要求相适应、体现新发展理念的宏观调控目标体系、政策体系、决策协调体系、监督考评体系和保障体系。健全以国家发展规划为战略导向，以财政政策、货币政策和就业优先政策为主要手段，投资、消费、产业、区域等政策协同发力的宏观调控制度体系，增强宏观调控前瞻性、针对性、协同性。坚持扩大内需战略，加快培育消费新增长点，着力优化消费环境，促

[1]《在中央经济工作会议上的讲话》（2014 年 12 月 9 日），《习近平关于社会主义经济建设论述摘编》，中央文献出版社 2017 年版，第 78–79 页。

进投资合理增长和结构优化，改善投资管理和服务。创新和完善宏观调控，推进政策协同配套，提高政策精准性和有效性，深入推进简政放权、放管结合、优化服务，营造稳定公平透明、可预期的营商环境，推进更深层次更高水平的双向开放，赢得国内发展和国际竞争的主动。

三、加快建设统一开放、竞争有序的现代市场体系，充分发挥市场在资源配置中的决定性作用

公平竞争能够提高效率、带来繁荣。习近平总书记指出，要畅通国民经济循环，加快建设统一开放、竞争有序的现代市场体系，提高金融体系服务实体经济能力，形成国内市场和生产主体、经济增长和就业扩大、金融和实体经济良性循环。[1]

建设统一开放、竞争有序的市场体系，是使市场在资源配置中起决定性作用的基础。坚持社会主义市场经济改革方向，从广度和深度上推进市场化改革，让市场在所有能够发挥作用的领域都充分发挥作用。持续优化营商环境，营造公平竞争的市场环境、公正透明的法律政策环境，实现市场准入畅通、市场开放有序、市场竞争充分、市场秩序规范，加快形成企业自主经营公平竞争、消费者

[1]《习近平新时代中国特色社会主义思想学习纲要》，学习出版社、人民出版社2019年版，第119页。

自由选择自主消费、商品和要素自由流动平等交换的现代市场体系。加快完善社会主义市场经济体制，有效激发全社会创新创业活力，为实现人民对美好生活的向往打下更为坚实而强大的物质基础。

第三节

擘画法治化营商环境新方略

法治是最好的营商环境。习近平总书记强调，全面依法治国具有基础性、保障性作用，在统筹推进伟大斗争、伟大工程、伟大事业、伟大梦想，全面建设社会主义现代化国家的新征程上，要更好发挥法治固根本、稳预期、利长远的保障作用。[1]

习近平新时代中国特色社会主义经济思想指明了法治对优化营商环境的战略重要性，将优化营商环境同科学立法、严格执法、公正司法、全民守法紧密结合，擘画了以法治为基础、在法治轨道上运行、受法治规则调整的营商环境新方略，引领中国不断开拓营商环境更加广阔的发展前景。

[1]《加强党对全面依法治国的领导》（2018 年 8 月 24 日），《求是》2019 年第 4 期。

一、在法治框架内调整各类市场主体的利益关系，增强政策透明度和可预期性

社会主义市场经济本质上是法治经济。习近平总书记强调，提高党领导经济工作法治化水平。[1] 实践中，一些地方和部门习惯于仅靠行政命令等方式来管理经济，习惯于用超越法律法规的手段和政策来抓企业、上项目推动发展，习惯于采取陈旧的计划手段、强制手段完成收入任务，这些办法必须加以改变。领导干部尤其要带头依法办事，自觉运用法治思维和法治方式来深化改革、推动发展、化解矛盾、维护稳定。

密织法律之网、强化法治之力，用法治来规范政府和市场的边界，尊重市场经济规律，通过市场化手段，在法治框架内调整各类市场主体的利益关系。发挥法治对转变政府职能的引导和规范作用，坚持法治思维、增强法治观念，依法调控和治理经济，切实履行职责，该管的事一定要管好、管到位，该放的权一定要放足、放到位，坚决克服政府职能错位、越位、缺位现象。既要重视通过制定新的法律法规来固定转变政府职能已经取得的成果，引导和推动转变政府职能的下一步工作，又要重视通过修改或废止不合适的现行法律法规为转变政府职能扫除障碍。

---

[1]《中央经济工作会议在北京举行》，《人民日报》2014 年 12 月 12 日。

二、依法平等保护各类市场主体产权和合法权益，让企业吃下定心丸安心谋发展

法治化环境最能聚人聚财、最有利于发展。习近平总书记指出，产权保护特别是知识产权保护是塑造良好营商环境的重要方面。[1] 加强产权保护，根本之策是全面推进依法治国。

坚持依法保护。健全以公平为原则的产权保护制度，建立公平开放透明的市场规则和法治化营商环境，稳定市场主体预期，促进正向激励和优胜劣汰，发展更多优质企业。民法典颁布对依法平等保护各类市场主体产权和合法权益具有重要意义。实施好民法典和相关法律法规，依法平等保护国有、民营、外资等各种所有制企业产权和自主经营权。以保证民法典有效实施为重要抓手推进法治政府建设，把民法典作为行政决策、行政管理、行政监督的重要标尺，持续做好为企业服务工作。

鼓励和支持各种所有制企业创新发展，凡是在我国境内注册的企业，都要一视同仁、平等对待，保护各种所有制企业产权和合法利益，提高企业投资信心，改善企业市场预期。

[1]《习近平主持召开中央财经领导小组第十六次会议强调 营造稳定公平透明的营商环境 加快建设开放型经济新体制》，《人民日报》2017 年 7 月 18 日。

三、加强知识产权保护，营造尊重知识价值的营商环境

打通知识产权创造、运用、保护、管理、服务全链条，构建便民利民的知识产权公共服务体系。习近平主席强调，加强知识产权保护。这是完善产权保护制度最重要的内容，也是提高中国经济竞争力最大的激励。对此，外资企业有要求，中国企业更有要求。[1]

创新是引领发展的第一动力，没有创新就没有进步。加强知识产权保护不仅是维护内外资企业合法权益的需要，更是推进创新型国家建设、推动高质量发展的内在要求。着力营造尊重知识价值的营商环境，全面完善知识产权保护法律体系，大力强化执法，引入侵权惩罚性赔偿制度，增强民事司法保护和刑事保护力度，提高知识产权保护水平，推动形成长期稳定发展预期，鼓励创新、宽容失败，营造激励企业家干事创业的浓厚氛围。

加强对外国知识产权人合法权益的保护，杜绝强制技术转让，完善商业秘密保护，依法严厉打击知识产权侵权行为。鼓励中外企业开展正常技术交流合作，保护在华外资企业合法知识产权。加强知识产权保护合作，创造良好创新生态环境，推动同各国在市场化法治化原则基础上开展技术交流合作。

---

[1]《开放共创繁荣 创新引领未来——在博鳌亚洲论坛2018年年会开幕式上的主旨演讲》，《人民日报》2018年4月11日。

四、维护社会公平正义、司法公正，创造公平竞争的法治环境

执法司法中万分之一的失误，对当事人就是百分之百的伤害。习近平总书记强调，国家机关履行职责、行使职权必须清楚自身行为和活动的范围和界限。[1]

人民群众对执法乱作为、不作为以及司法不公的意见比较集中，这要成为我们厉行法治的聚焦点和发力点。执法是行政机关履行政府职能、管理经济社会事务的主要方式。要着力推进行政执法透明、规范、合法、公正，不断健全执法制度、规范执法程序、创新执法方式、加强执法监督，全面提高执法效能，推动形成权责统一、权威高效的行政执法体系。规范行政许可、行政处罚、行政强制、行政征收、行政收费、行政检查、行政裁决等活动，提高依法行政能力和水平。

公正是司法的灵魂和生命。深化诉讼制度改革，推进案件繁简分流、轻重分离、快慢分道，推动大数据、人工智能等科技创新成果同司法工作深度融合。严肃处理侵犯群众合法权益的行为和人员，切实维护人民群众合法权益，努力让人民群众在每一项法律制

---

[1]《充分认识颁布实施民法典重大意义 依法更好保障人民合法权益》（2020 年 5 月 29 日），《求是》2020 年第 12 期。

度、每一个执法决定、每一宗司法案件中都感受到公平正义。

五、着力增强系统性、整体性，防止政出多门、政策效应相互抵消

推进政策协同配套，提高政策精准性和有效性。习近平总书记指出，有些政策制定过程中前期调研不够，没有充分听取企业意见，对政策实际影响考虑不周，没有给企业留出必要的适应调整期。有些政策相互不协调，政策效应同向叠加，或者是工作方式简单，导致一些初衷是好的政策产生了相反的作用。[1]

加强政策制定协调，坚决克服部门利益和本位主义。强化政策协同配套，制定和调整政策充分考虑关联行业和领域实际情况。完善政企沟通机制，统筹把握好政策出台时机、力度和节奏。加强政策解读，及时回应关切，避免简单化“一刀切”。

[1]《在民营企业座谈会上的讲话》，《人民日报》2018 年 11 月 2 日。

第四节

运筹国际化营商环境新格局

中国开放的大门不会关闭，只会越开越大。习近平主席指出，中国坚持对外开放的基本国策，坚持打开国门搞建设。过去40年中国经济发展是在开放条件下取得的，未来中国经济实现高质量发展也必须在更加开放的条件下进行。[1]

以开放的最大优势谋求更大发展空间。习近平新时代中国特色社会主义经济思想在加深层次、创新方式、优化布局、提升质量上不断丰富国际化营商环境的理论和实践，培育新形势下我国参与国际合作和竞争新优势，推动形成全方位、多层次、宽领域的全面开

[1]《开放共创繁荣 创新引领未来——在博鳌亚洲论坛2018年年会开幕式上的主旨演讲》，《人民日报》2018年4月11日。

放新格局。

一、构建开放型经济新体制，创造更有吸引力的投资环境

投资环境就像空气，空气清新才能吸引更多外资。习近平主席强调，过去，中国吸引外资主要靠优惠政策，现在要更多靠改善投资环境。[1]

适应新形势、把握新特点，推动由商品和要素流动型开放向规则等制度型开放转变。加强同国际经贸规则对接，增强透明度，强化产权保护，鼓励竞争、反对垄断。深化投资体制改革，完善法律法规，在制度上政策上营造宽松的市场经营和投资环境，让中国市场更加透明、更加规范。鼓励和支持各种所有制企业创新发展，保护各种所有制企业产权和合法利益，提高企业投资信心，改善企业市场预期。破除市场壁垒和地方保护，促进公平竞争，营造商品自由流动、平等交换的市场环境，降低市场运行成本，提高运行效率，提升国际竞争力。

随着一系列重大改革举措的持续推进，中国投资软环境将更开放、更宽松、更透明，为外资企业分享中国发展机遇创造更为有利

---

[1]《开放共创繁荣 创新引领未来——在博鳌亚洲论坛 2018 年年会开幕式上的主旨演讲》，《人民日报》2018 年 4 月 11 日。

的条件。

二、统一内外资法律法规，对内外资企业一视同仁

开放发展注重的是解决发展内外联动问题。习近平总书记强调，要加快统一内外资法律法规，制定新的外资基础性法律。[1]

《中华人民共和国外商投资法》（以下简称《外商投资法》）于2019年3月15日颁布，自2020年1月1日起施行，确立了我国新型外商投资法律制度的基本框架，确定了我国对外开放、促进外商投资的基本国策和大政方针，对外商投资的准入、促进、保护、管理等作出了统一规定。我国全面深入实施准入前国民待遇加负面清单管理制度，实现各类企业依法平等使用生产要素、公平参与市场竞争、同等受到法律保护。

为切实做好《外商投资法》的实施工作，《中华人民共和国外商投资法实施条例》（以下简称《外商投资法实施条例》）于2020年1月1日同步实施，一系列配套制度也正在加快制定。同时，加快清理涉及外资的法律、法规、规章和政策文件，限期废止或修订同国家对外开放大方向和大原则不符的法律法规。多措并举，确保外资企业准入后按照公司法依法经营，做到法律上平等、政策上一

[1]《习近平主持召开中央财经领导小组第十六次会议强调 营造稳定公平透明的营商环境 加快建设开放型经济新体制》，《人民日报》2017年7月18日。

致，实行国民待遇。

三、推进外商投资管理体制改革，大幅减少外资准入限制

搞保护主义如同把自己关进黑屋子，看似躲过了风吹雨打，但也隔绝了阳光和空气。习近平主席指出，中国坚持改革开放的方向不动摇，将进一步放宽外资准入，欢迎各国企业来华投资兴业，并继续为其提供良好营商环境。[1]

全面实施外商投资负面清单管理制度，制定负面清单，以清单方式列出禁止和限制外商投资经营的行业、领域、业务等。全面取消外资准入负面清单之外的限制，负面清单以外的行业、领域、业务等，内外资企业皆可依法平等进入，享受同等待遇。按照“只做减法、不做加法”的原则动态修订负面清单，以服务业开放为重点，不断加快电信、教育、医疗、文化等领域开放进程，不断放宽制造业、农业领域准入，持续推进投资贸易便利化。

四、继续扩大市场开放，让世界共享中国机遇

中国既是“世界工厂”，也是“世界市场”。习近平主席强调，

[1]《习近平会见美国总统奥巴马》，《人民日报》2016 年 9 月 4 日。

国际贸易和投资等经贸往来，植根于各国优势互补、互通有无的需要。中国主动扩大进口，不是权宜之计，而是面向世界、面向未来、促进共同发展的长远考量。[1]

中国有世界上规模最大、成长最快的中等收入群体，消费增长潜力巨大。更加重视进口的作用，进一步降低关税，大幅削减进口环节制度性成本，消除各种非关税壁垒，扩大对各国高质量产品和服务的进口。扩大非洲输华产品规模。进口更多人民群众需求比较集中的特色优势产品，进口更多国外有竞争力的优质农产品、制成品和服务，促进贸易平衡发展。

加快打造国际化营商环境，继续扩大市场开放，促进国际国内要素有序自由流动、资源高效配置、市场深度融合，为各国提供更多市场机遇、投资机遇、增长机遇，实现共同发展，共享美好未来。

[1]《共建创新包容的开放型世界经济——在首届中国国际进口博览会开幕式上的主旨演讲》，《人民日报》2018 年 11 月 6 日。

第五节

指导便利化营商环境新实践

不论政府职能怎么转，为人民服务的宗旨都不能变。习近平总书记强调，要坚持以人为本、执政为民，接地气、通下情，想群众之所想，急群众之所急，解群众之所忧，在服务中实施管理，在管理中实现服务。[1]

营商环境只有更好，没有最好。习近平新时代中国特色社会主义经济思想指导优化营商环境新实践，以一流营商环境建设为牵引，把实现好、维护好、发展好最广大人民根本利益作为优化营商环境的出发点和落脚点，在优化政府服务上持续展现新作为，在便

[1]《在党的十八届二中全会第二次全体会议上的讲话》（2013 年 2 月 28 日），《习近平关于社会主义政治建设论述摘编》，中央文献出版社 2017 年版，第 113 页。

企惠民上持续实现新突破，不断增强市场主体的获得感、幸福感和安全感。

一、构建亲清政商关系，支持企业家以恒心办恒业

新型政商关系，概括起来说就是“亲”“清”两个字。习近平总书记指出，各级领导干部要光明磊落同企业交往，了解企业家所思所想、所困所惑，涉企政策制定要多听企业家意见和建议，同时要坚决防止权钱交易、商业贿赂等问题损害政商关系和营商环境。要充分发挥市场在资源配置中的决定性作用，更好发挥政府作用。政府是市场规则的制定者，也是市场公平的维护者，要更多提供优质公共服务。要支持企业家心无旁骛、长远打算，以恒心办恒业，扎根中国市场，深耕中国市场。[1]

对领导干部而言，所谓“亲”，就是要坦荡真诚同企业接触交往，特别是在企业遇到困难和问题情况下更要积极作为、靠前服务，帮助解决实际困难。所谓“清”，就是同企业家的关系要清白、纯洁，不能有贪心私心，不能以权谋私，不能搞权钱交易。对企业家而言，所谓“亲”，就是积极主动同各级党委和政府及部门多沟通多交流，讲真话，说实情，建诤言，满腔热情支持地方发展。所谓“清”，就是要洁身自好、走正道，做到遵纪守法办企

[1]《在企业家座谈会上的讲话》，《人民日报》2020 年 7 月 22 日。

业、光明正大搞经营。

完善构建亲清政商关系的政策体系是优化营商环境的重要内容。建立规范化机制化政企沟通渠道，鼓励企业参与实施重大国家战略。各级党委和政府要把支持企业发展作为一项重要任务，花更多时间和精力关心企业发展、企业家成长。

二、深入推进审批服务便民化，不断优化办事创业和营商环境

把人民群众的小事当作我们的大事。习近平总书记指出，这些年，一些单位包括有的领导机关，讲面子不讲规矩，讲关系不讲原则，遇到矛盾绕道走，问题摆着拖着长期得不到解决，门难进、脸难看、事难办，群众反映很大。[1]

惠民便企要找准着力点，不断优化办事创业和营商环境。把推广典型经验同推动面上改革结合起来，围绕直接面向企业群众、依申请办理的行政审批和公共服务事项，推动审批服务理念、制度、作风全方位深层次变革，切实解决企业群众办事难、办事慢、多头跑、来回跑等问题。坚持政务公开透明，以公开为常态、不公开为例外，全面推进决策、执行、管理、服务、结果公开。

[1]《在河北调研指导党的群众路线教育实践活动时的讲话》（2013 年 7 月 11 日、12 日），《习近平关于严明党的纪律和规矩论述摘编》，中央文献出版社、中国方正出版社 2015 年版，第 73 页。

三、实质性降低企业负担，让企业轻装上阵

尽一切努力将企业负担降下来。习近平主席强调，减税降费政策措施要落地生根，让企业轻装上阵。[1]

实质性降低企业负担，要在减税、降费、降低要素成本上加大工作力度。加大减税力度，推进增值税等实质性减税。进一步清理、精简涉及民间投资管理的行政审批事项和涉企收费，规范中间环节、中介组织行为，加快推进涉企行政事业性收费零收费。降低各类交易成本特别是制度性交易成本，减少审批环节，降低各类中介评估费用，降低企业用能成本，降低物流成本，提高劳动力市场灵活性，推动企业眼睛向内降本增效。

市场主体是经济的力量载体，保市场主体就是保社会生产力。针对企业复工复产面临的债务偿还、资金周转和扩大融资等迫切问题，创新完善金融支持方式，为防疫重点地区单列信贷规模，为受疫情影响较大的行业、民营和小微企业提供专项信贷额度。调整完善企业还款付息安排，加大贷款展期、续贷力度，适当减免小微企业贷款利息，防止企业资金链断裂。千方百计把市场主体保护好，为经济发展积蓄基本力量。

---

[1]《国家主席习近平发表二〇一九年新年贺词》，《人民日报》2019 年 1 月 1 日。

四、提高工作艺术和管理水平，实现协同管理和服务

让百姓少跑腿、数据多跑路。习近平总书记强调，推动实施国家大数据战略，加快完善数字基础设施，推进数据资源整合和开放共享，保障数据安全，加快建设数字中国，更好服务我国经济社会发展和人民生活改善。[1]

深刻认识互联网在国家管理和社会治理中的作用，以推行电子政务、建设新型智慧城市等为抓手，以数据集中和共享为路径，建设全国一体化的国家大数据中心，推进技术融合、业务融合、数据融合，实现跨层级、跨地域、跨系统、跨部门、跨业务的协同管理和服务，实现政府决策科学化、社会治理精准化、公共服务高效化。

坚持以人民为中心的发展思想，加快推进“互联网 +”，构建全流程一体化在线服务平台，更好解决企业和群众反映强烈的办事难、办事慢、办事繁的问题，不断提升公共服务均等化、普惠化、便捷化水平。

---

[1]《习近平在中共中央政治局第二次集体学习时强调 审时度势精心谋划超前布局力争主动 实施国家大数据战略加快建设数字中国》，《人民日报》2017 年 12 月 10 日。

第二章

学习贯彻习近平总书记关于优化营商环境重要论述的深刻体会

党的十九大报告指出，中国特色社会主义进入新时代，这是我国发展新的历史方位。以习近平同志为核心的党中央总揽世情国情党情全局、站在实现中华民族伟大复兴的高度、从生产力与生产关系辩证统一的大逻辑出发，对经济工作作出了正确决策，对发展思路进行了及时调整，成功驾驭了我国经济发展大局，在实践中形成了习近平新时代中国特色社会主义经济思想。科学的理论指引伟大的实践。党的十八大以来，正是在习近平新时代中国特色社会主义经济思想的指引下，我国全面深化经济体制改革，不断释放市场主体活力，市场化、法治化、国际化营商环境不断完善，世界银行公布的我国营商环境全球排名从 2018 年的第 46 位上升至 2019 年的第 31 位，连续两年跻身全球营商环境改善幅度最大的十大经济体。

举一纲而万目张，解一卷而众篇明。我们必须长期坚持并不断发展习近平新时代中国特色社会主义经济思想，深刻理解和把握习近平总书记关于优化营商环境的重要论述的丰富内涵、实践要求和科学方法，更加自觉地用以指导解决优化营商环境过程中的重大问题、人民群众反映强烈的突出问题、企业期盼解决的紧迫问题，努力打造国际一流的营商环境。

第一节

坚持党的领导是优化营商环境的根本保证

中国特色社会主义最本质的特征是中国共产党领导，中国特色社会主义制度的最大优势是中国共产党领导。习近平总书记指出，推进改革的目的是要不断推进我国社会主义制度自我完善和发展，赋予社会主义新的生机活力。这里面最核心的是坚持和改善党的领导、坚持和完善中国特色社会主义制度，偏离了这一条，那就南辕北辙了。[1]改革不是改向，变革不是变色，改革是在中国特色社会主义道路上不断前进的改革。坚持和加强党的集中统一领导，有利于全党全国在改革上统一思想、坚定信心，有利于统筹协

---

[1]《在中共十八届三中全会第二次全体会议上的讲话》（2013 年 11 月 12 日），《习近平关于协调推进“四个全面”战略布局论述摘编》，中央文献出版社 2015 年版，第 68–69 页。

调、蹄疾步稳推进各项改革。优化营商环境与党的十一届三中全会以来市场取向改革的思路一脉相承，是“放开搞活”历史经验的延续和发展，是完善社会主义市场经济体制丰富实践的重要内容，必须发挥党总揽全局、协调各方的领导核心作用，构建形成党委领导、政府负责、部门协同、上下联动、社会参与、齐抓共管的工作格局。

优化营商环境理应是各级党委和政府的“一把手工程”。党政军民学，东西南北中，党是领导一切的。优化营商环境事关综合竞争力和长远发展，既管当前、又利长远，涵盖改革、发展、稳定各项工作，贯穿立法、执法、司法等法治建设全过程，涉及党委、政府、社会方方面面，只有发挥党总揽全局、协调各方的领导核心作用，才能凝聚起各方智慧力量，统筹推进各项工作任务，实现优化营商环境整体提升。实践证明，凡是优化营商环境抓得好、推得快、叫得响的地方，无一不是由党委和政府主要负责同志亲自挂帅、统筹推进。很多地方还专门建立了覆盖省市县三级的营商环境建设机构，统一行使原分散在各单位的“放管服”改革、企业投诉、政务服务监管、电子政务建设、投资项目促进、社会信用体系建设等职能，统筹推进本地营商环境建设监督工作。

优化营商环境需要强化部门协同配合。优化营商环境工作点多、面广，牵一发而动全身，仅靠一个部门“单打独斗”是不行的，需要部门统筹协调、同向发力。比如，企业开办的办理流程上，涉及市场监管、税务、公安、人社、住建等多个部门；工作机制上，还涉及政务服务数据在多个部门之间的共享交换，要更好地实现减少环节、压缩时间、优化服务，必须在各级党委和政府统一领导下，充分发挥市场监管部门牵头作用，加强部门间协同配合，共同推进各项改革举措落地落实。为此，国务院专门成立了推进政府职能转变和“放管服”改革协调小组，下设优化营商环境组，由国家发展改革委任组长单位，负责牵头优化营商环境，提高综合竞争力，打造竞争新优势。放权方面，推进实行全国统一的市场准入负面清单制度，清理废除妨碍统一市场和公平竞争的各种规定和做法。扩大外资市场准入，促进民间投资，提升贸易便利化水平。监管方面，清理规范审批中介服务，全面推行依清单收费，完善收费监管制度，持续清理规范涉企收费。服务方面，加强产权保护，推动健全知识产权保护体系。加快水电气暖、银行等公用事业领域改革，提升服务质量效率。加强政务诚信建设。建立健全营商环境评价机制。国家发展改革委切实发挥组长单位作用，强化统筹协调，健全工作机制，定期召开工作例会，及时发现优化营商环境工作中地方层面的突出问题和全国层面的共性问题，会同有关地方和部门，共同研究新情况、总结新经验、出台新举措、解决新问题，推动各项改革协同配套、整体推进。

优化营商环境需要充分发挥地方积极性。俗话说“栽下梧桐树，引得凤凰来”。营商环境好，企业才能留得住、发展得好。以往地方政府之间的竞争，主要表现为给予企业更多的优惠政策，比如土地优惠、税收优惠以及财政补贴等，以“政策洼地”来招商引资，推动经济增长。随着经济不断发展和环境不断变化，地方政府之间原有的竞争模式现已难以为继。优化营商环境，让企业公平参与市场竞争，已成为地方政府促进经济发展的重要抓手。近年来，各地区按照党中央、国务院部署，顺应社会期盼，持续推进“放管服”等改革，特别是作为世界银行评价的北京市、上海市两个样本城市，主动创新，积极探索，推动全国上下形成“你追我赶、争先创优、竞相发展”的良好态势，带动了我国营商环境的整体改善。

优化营商环境需要调动社会力量广泛参与。优化营商环境责任在政府，活力在社会，潜力在市场。只有引导市场主体、新闻媒体、专家学者、广大群众等社会各方面都积极参与，才能凝聚形成优化环境、促进发展的强大合力。近年来，一些地方探索建立并完善了多种形式的优化营商环境协商共建机制。比如，北京市的“市长国际企业家顾问会议”、上海市的“营商环境优化提升咨询会”、广东省深圳市的“政企面对面”等。这些协商共建机制，有助于解决营商环境的痛点堵点难点问题，也有力推动了社会各界共同参与营商环境建设。

第二节

自觉践行以人民为中心的发展思想是优化营商环境的出发点和落脚点

习近平总书记指出，以人民为中心的发展思想，不是一个抽象的、玄奥的概念，不能只停留在口头上、止步于思想环节，而要体现在经济社会发展各个环节。[1] 以人民为中心是新时代坚持和发展中国特色社会主义的根本立场，是由中国共产党的性质和根本宗旨决定的。坚持以人民为中心，是新时代坚持和发展中国特色社会主义的基本方略之一。把人民对美好生活的向往作为奋斗目标，最终要落实到实现好、维护好、发展好最广大人民的根本利益上。“治

[1]《在省部级主要领导干部学习贯彻党的十八届五中全会精神专题研讨班上的讲话》（2016 年 1 月 18 日），《人民日报》2016 年 5 月 10 日。

国有常，而利民为本。”优化营商环境顺应我国社会主要矛盾发生历史性变化的实践要求，目的就是要不断解决人民群众最关心最直接最现实的利益问题，在更高水平上满足人民群众日益增长的美好生活需要。

优化营商环境自觉践行以人民为中心的发展思想，必须始终坚持从群众最关心的问题入手，推动改革成果更多更公平惠及全体人民。人民群众关心什么、期盼什么，优化营商环境就抓什么、推什么，给人民群众带来更多实惠。党的十八大以来，优化营商环境聚焦企业和群众反映突出的“办事难、办事慢”“多头跑、来回跑”“奇葩证明”等问题，力除烦苛之弊，大兴便民之举，努力营造权利公平、机会公平、规则公平的市场环境，不但使人民群众有了更多创新创业创造机会，而且有效调动了社会投资积极性，增加了公共产品和公共服务供给，增强了广大人民群众和市场主体的获得感、幸福感、安全感。比如，国家知识产权局大幅提升知识产权审查效率，压缩知识产权审查周期。党的十九大以来，商标注册平均审查周期由 8 个月压减至 4.5 个月以内，高价值专利审查周期由 21.2 个月压减至 15.2 个月，均跻身相同审查制度下世界最快水平行列，申请人获得知识产权授权更加便利高效。再比如，黑龙江省从企业和群众最不满意的问题改起、最受益的事情抓起，小切口、大纵深，找准缺口、全面突围，以一件件具体事项不求人逐步实现整体“办事不求人”。瞄准服务窗口群众排长队反复跑现象，全面优化政务大厅服务。围绕产权证办理难问题，办理历史遗留不动产权证 150 万余户。集中整治“黑车”“疯狂大货车”，迅速净化交通运输市场，让企业和群众看到实实在在的变化。实践证明，只有以人民为中心优环境、以问题为导向抓整改，明确标靶、有的放矢，才能改到问题关键处，抓到企业家心坎里，真正疏通堵点、消除痛点、迅速打开局面、争得主动，让群众有更多、更直接、更实在的获得感。

优化营商环境自觉践行以人民为中心的发展思想，必须始终坚持群众路线，充分激发人民群众的积极性和创造力。群众路线是中国共产党的生命线和根本工作路线，是中国共产党永葆青春活力和战斗力的重要传家宝。优化营商环境始终坚持群众标准，群众拥护什么就鼓励什么，群众期盼什么就做好什么，群众反对什么就纠正什么。无论是制定政策、出台规范，还是开展评价、推广经验，都要注重企业和人民群众的评价，增加群众和企业的话语权、评判权，确保各项举措始终体现群众意愿，经得起实践检验。比如，《优化营商环境条例》制定过程中，在征求中央有关部门和地方政府意见基础上，先后征求了外资企业、民营企业、行业协会商会等 150 家市场主体和社会团体，营商环境评价参评城市、粤港澳大湾区城市，50 位人大代表和政协委员，全国工商联、中国贸促会、外国驻华商会，以及地方工商联、律协等单位的意见建议，并组织向社会公开征求意见，既凝聚了社会共识，也提升制度设计的针对性、科学性和可操作性。

第三节

处理好政府与市场关系是优化营商环境的关键所在

优化营商环境是涉及发展的体制性、制度性安排，实质是重塑政府和市场的关系，使市场在资源配置中起决定性作用，更好发挥政府作用，这既要遵循市场规律、善用市场机制解决问题，又要让政府勇担责任、干好自己该干的事，“看不见的手”和“看得见的手”都要发挥作用。

一、优化营商环境要充分发挥市场在资源配置中的决定性作用

习近平总书记指出，要坚持使市场在资源配置中起决定性作

用，完善市场机制，打破行业垄断、进入壁垒、地方保护，增强企业对市场需求变化的反应和调整能力，提高企业资源要素配置效率和竞争力。[1]理论和实践都证明，市场配置资源是最有效率的形式。优化营商环境必须牢牢把握市场决定资源配置这一市场经济的一般规律，全面推进体制机制创新，大幅度减少政府对资源的直接配置，推动资源配置依据市场规则、市场价格、市场竞争实现效益最大化和效率最优化，以优质的制度供给、服务供给、要素供给和完备的市场体系，增强发展环境的吸引力和竞争力。

做好优化营商环境工作，充分发挥市场在资源配置中的决定性作用，必须要深入推进简政放权，着力激发市场主体活力和社会创造力。大道至简，政简易从。不论是放是管还是服，都要抓住“简约”这一要领。简政放权就是要把该放的权放给市场和社会，这样政府可以腾出更多力量来加强事中事后监管、提供公共服务。近年来，优化营商环境坚持深化行政审批制度改革，大幅削减行政审批事项，彻底终结非行政许可审批，实行权力清单、责任清单管理；坚持不断放宽市场准入，全面改革商事制度，实行全国统一的市场准入负面清单制度；坚持将“放管服”改革与大规模减税降费，特别是由点到面推开的“营改增”结合起来，与对中小企业实行普惠性优惠政策，清理涉企收费和降低融资、用

[1]《习近平在中共中央政治局第三十八次集体学习时强调 把改善供给侧结构作为主攻方向 推动经济朝着更高质量发展》，《人民日报》2017 年 1 月 23 日。

能、上网、物流等成本结合起来，与实施创新驱动发展战略、广泛开展大众创业万众创新结合起来，协同发力，最大限度地给企业松绑减负、提供服务，持续激发市场主体活力和社会创造力，从而实现更高质量、更有效率、更加公平、更可持续、更为安全的发展。

二、优化营商环境要更好发挥政府作用

习近平总书记指出，发挥政府作用，不是简单下达行政命令，要在尊重市场规律的基础上，用改革激发市场活力，用政策引导市场预期，用规划明确投资方向，用法治规范市场行为。[1]强调市场在资源配置中起决定性作用，并不是说政府就无所作为，而是必须坚持有所为、有所不为，着力提高宏观调控和科学管理水平，更好发挥作用。政府应从审批管理的视角，转为服务企业的定位，从“官本位”到“店小二”。做到刀刃向内改自己，减少政务环节、减免不必要的成本、提高办事效率。同时，还需要站在企业视角，关注企业最关心的痛点、企业新增投资的顾虑、企业转型所需的环境，为企业做好服务，有求必应，无事不扰。

做好优化营商环境工作，更好发挥政府作用，必须坚持放管结

[1]《习近平在中共中央政治局第三十八次集体学习时强调 把改善供给侧结构作为主攻方向 推动经济朝着更高质量发展》，《人民日报》2017 年 1 月 23 日。

合，加快转变政府职能，以权利公平、机会公平、规则公平保障公平准入，以加强公正监管促进公平竞争，以优化公共服务便利投资兴业，把市场主体的活力激发出来。一方面，加强公正监管，切实管出公平。要健全公开透明的监管规则和标准体系，坚持对新兴产业实行包容审慎监管，加快创新公平公正的监管方式，推动日常监管“双随机、一公开”全覆盖，保障市场公平竞争。另一方面，大力优化政府服务，努力服出便利。要坚持寓管理于服务中，加快创新服务方式，不断提升政务服务质量和效率，变政府部门“端菜”为企业和群众“点菜”，提供更多公平可及、优质高效的服务，努力为企业发展和群众办事增便利，建设人民满意的服务型政府。

三、优化营商环境需要用法治来规范政府和市场边界

习近平总书记指出，法治是最好的营商环境。[1]要把平等保护贯彻到立法、执法、司法、守法等各个环节，依法平等保护各类市场主体产权和合法权益。市场经济本质上是法治经济。法治具有固根本、稳预期、利长远的作用。优化营商环境只有用法治来规范政府和市场的边界，尊重市场经济规律，通过市场化手段，在法治框架内调整各类市场主体的利益关系，鼓励和支持创新，才能提振企

[1]《开启法治中国新时代——以习近平同志为核心的党中央推进全面依法治国纪实》，《人民日报》2019 年 10 月 22 日。

业信心，稳定市场预期，把市场主体发展动力更好转化为经济发展的新动能。

法治有利于稳定预期。只有在法治环境下，才会有公平的竞争、稳定的预期、靠得住的信用，没有了法治化，市场化也是空中楼阁。2020年1月1日实施的《优化营商环境条例》就是推进营商环境法治化的重大成果，该条例以市场主体需求为导向，以深刻转变政府职能为核心，创新体制机制、强化协同联动、完善法治保障，将实践证明行之有效、人民群众满意、市场主体支持的改革举措用法规制度固化下来，为各类市场主体投资兴业营造稳定公平透明、可预期的良好环境，得到了社会各方面的充分肯定，也得到了包括世界银行在内的有关国际组织的高度评价。各地方在营商环境建设过程中也高度重视法治建设，比如，辽宁省沈阳市将法治环境作为重点打造的七大环境之一，提出要主动对接国际惯例和通行规则，建立与国际接轨的营商规则体系，增强了城市吸引力、凝聚力和竞争力。再如，甘肃省出台规定，凡是政府与企业依法合规签署的协议，必须逐条兑现，不得以任何理由和借口违约、毁约，对不履行政策承诺和合同协议的政府部门及其有关负责人建立政务失信记录，实施惩戒措施，坚决杜绝“新官不理旧账”，在干部考评中，把敢不敢“理旧账”、会不会“理旧账”作为重要标尺。实践表明，法治化环境最能聚人聚财、最有利于发展。只有以法治化建设为基础，建立健全符合市场经济规则和治理能力现代化要求的政府管理体系，做到规则公开透明、监管公平公正，才能给市场主体以稳定预期。

法治是产权最有力的保护屏障。“有恒产者有恒心”，产权是市场经济的基石，只有产权得到平等保护、有效保护，市场主体才能放心投资，市场交易才有前提条件。要抓紧完善相关制度，健全以公平为原则的产权保护制度，依法平等保护各类产权。近年来，优化营商环境坚持联动推进产权、混改、弘扬企业家精神改革，推动一批典型涉企产权冤假错案得到纠正。2018 年最高人民法院再审改判张文中无罪，2019 年最高人民法院依法再审改判顾雏军案，获得了社会的高度关注和积极评价。一个案例胜过一大摞文件，这有力增强了企业家安全感以及干事创业的信心。2020 年 5 月 28 日我国首部民法典出台，更是释放出了我们坚定产权保护的时代最强音。

法治保障市场公平竞争。市场经济的核心是公平竞争，只有竞争是公平的，才能实现资源有效配置和企业优胜劣汰。要强化竞争政策的基础地位，以竞争政策为基础来协调相关政策。要全面实施市场准入负面清单制度，改革生产许可制度，健全破产制度，落实公平竞争审查制度，加强和改进反垄断和反不正当竞争执法。一言以蔽之，优化营商环境就是要在前置审批事项上做好“减法”便利于企业，在事中事后监管上做好“加法”保障公平竞争，落实竞争中性原则，对各类企业一视同仁、平等对待，不得有任何歧视。

第四节

深化改革创新是优化营商环境的动力源泉

新时代新征程，当“要素红利”逐渐让位于“创新红利”，“政策红利”逐渐让位于“制度红利”，营商环境的重要价值更加凸显。改革创新是优化营商环境永恒的课题。优化营商环境永远在路上，需要在探索中总结经验，在改革实践中寻求答案，在不断解决问题中得以深化。

一、优化营商环境要坚持向改革要动力，坚决破除顽瘴痼疾

习近平总书记指出，改革开放是党和人民大踏步赶上时代的重要法宝，是坚持和发展中国特色社会主义的必由之路，是决定当代

中国命运的关键一招，也是决定实现“两个一百年”奋斗目标、实现中华民族伟大复兴的关键一招。[1] 习近平总书记强调，政府要为企业发展营造良好环境，加快推进审批制度、融资制度、专利制度等改革，减少重复检测认证，施行优质优价政府采购制度，减轻企业负担，破除体制机制障碍。[2] 改革已经进入攻坚期和深水区，改革进程中的矛盾只能用改革的办法来解决。

新时代优化营商环境必须敢于向积存多年的体制机制弊端开刀，勇于突破利益的藩篱，将改革进行到底。近年来，各地方、各部门持续深化“放管服”改革，我国营商环境得到明显改善，但与高质量发展要求和人民群众的期盼相比，依然存在很大差距，公平竞争、优胜劣汰的市场环境尚未完全形成，公共服务存在不少薄弱环节。可以说，优化营商环境已经到了爬坡过坎的关键阶段，需要坚持逢山开路、遇水架桥，敢于啃硬骨头，敢于涉险滩，以更大决心、更强力度、更实举措推进这项改革，唯此，才能为经济社会持续健康发展提供强劲动力。

优化营商环境必须坚持以钉钉子精神狠抓改革落实。一分部署，九分落实。改革争在朝夕，落实难在方寸。如果不沉下心来抓落实，再好的目标、再好的蓝图，也只是镜中花、水中月。进一步优化营商环境，必然触及深层次利益格局调整和制度体系的变

[1]《在庆祝改革开放 40 周年大会上的讲话》，《人民日报》2018 年 12 月 19 日。
[2]《在网络安全和信息化工作座谈会上的讲话》，《人民日报》2016 年 4 月 26 日。

革，改革的复杂性、敏感性、艰巨性更加突出。能否坚定信心、凝聚力量，攻坚克难，确保各项改革举措落地生根，打通“最后一公里”，直接决定改革成败。同时，优化营商环境需要政府转换思维、打破原有的权力框架，在这个过程中可能会出现避重就轻、选择性优化的问题。一些地方或者部门可能过度关注短期见效快的、更好操作、更少阻力的领域，而针对企业更关切的、中长期的、关键领域的改革却进展缓慢。为此，优化营商环境必须要以群众需求为导向，从企业反映强烈的突出问题入手，不仅要明确重点改革举措，更要明确落实路径和工作抓手，聚焦聚神聚力抓落实，抓铁有痕、踏石留印，盯住抓、反复抓，更为精准、更加精细地清除阻碍创新发展的“堵点”、影响干事创业的“痛点”和监管服务的“盲点”，让营商环境优化的改革含金量充分释放出来，让企业有实实在在的获得感。2015 年以来，国务院部署开展多轮大督查，不发通知、不要陪同、直奔问题，发现了一批基层反映突出的侵蚀减税降费红利、“任性用权”破坏营商环境、懒政怠政等典型问题，对相关责任人予以严肃问责，强化了奖优罚劣、褒先促后的鲜明导向，汇聚起优化营商环境的强大能量。

二、优化营商环境要尊重首创精神，鼓励差异化探索

习近平总书记指出，对必须取得突破但一时还不那么有把握的改革，就采取试点探索、投石问路的方法，先行试点，尊重实践、

尊重创造，鼓励大胆探索、勇于开拓，取得经验、看得很准了再推开。[1] 我国改革开放的一条重要经验，就是发挥基层和群众的首创精神。近年来深化“放管服”改革、优化营商环境的很多举措也是从地方先做起来，取得经验后再逐步推开。像商事制度改革、“证照分离”改革、“一网一门一次”改革、“最多跑一次”改革等，都是最先由基层探索开展的。当前，优化营商环境还有许多难题亟待破解，需要在改革实践中寻求答案。

优化营商环境要鼓励地方积极探索，争当改革的“先行者”。对一些地方和行业探索成熟的改革经验，要积极推广，推动形成比学赶超、竞相发展的生动局面。各地情况千差万别，优化营商环境的重点难点不尽相同，必须因地制宜，鼓励和支持各地区、各部门结合实际情况，在法治框架内积极探索原创性、差异化的优化营商环境具体措施，创造更多管用可行的“一招鲜”。同时，注意及时总结推广地方和部门行之有效的典型经验，促进后进对标先进，相互学习借鉴，竞相推进改革。

优化营商环境要建立容错机制，为改革者撑腰、为担当者担当。改革是走前人没有走过的路，难免会有失误。优化营商环境必须要建立健全支持优化营商环境的激励机制和容错机制。一方面，对勇于改革、真抓实干，优化营商环境成效明显的地方和干部，要

[1]《在中共十八届三中全会第二次全体会议上的讲话》（2013 年 11 月 12 日），《习近平关于协调推进“四个全面”战略布局论述摘编》，中央文献出版社 2015 年版，第 71 页。

给予表彰奖励。另一方面，在强化责任约束的同时鼓励创新、宽容失误，明确免责界限，对探索中出现失误或者偏差，符合规定条件的，可以予以免责或者减轻责任，保护和激发各地方、各部门主动担当作为的积极性和创造性。

三、优化营商环境要注重改革的系统性、整体性、协同性

习近平总书记指出，注重系统性、整体性、协同性是全面深化改革的内在要求，也是推进改革的重要方法。[1] 优化营商环境涉及经济社会发展各领域，是一项系统集成的“硬骨头”改革，需要统筹谋划各个方面、各个层次、各个要素，注重推动各项改革相互促进、良性互动、协同配合。要厘清各项改革举措的逻辑关系，推动有条件的地方和领域实现优化营商环境相关改革举措的系统集成，打好改革“组合拳”，形成简政放权、放管结合、优化服务的完整链条，做到前后呼应、衔接配套。

营商环境的系统性要求在推进改革进程中必须坚持整体推进，做到系统抓、抓系统，必须用系统思维统筹谋划，讲求整体效果。例如，如果某个地方的营商环境有几个指标特别突出，但有几个指标比较滞后，根据“木桶原理”，这个地方整体的营商环境依然不

[1]《习近平主持召开中央全面深化改革领导小组第三十六次会议强调 抓好各项改革协同发挥改革整体效应 朝着全面深化改革总目标聚焦发力》，《人民日报》2017 年 6 月 27 日。

够理想。再如，对于欠发达地区，如果不考虑本地的独特性、复杂性，只是简单复制、照抄照搬先进地区经验，效果一定会大打折扣，必须全面考虑各种因素、做好顶层设计、实现整体推进。需要强调的是，整体推进不是平均用力、齐头并进，而是要善于抓主要矛盾和矛盾的主要方面，注重抓重要领域和关键环节，集中力量解决最突出、市场主体最关切的问题，以点带面，推动整体工作提升。

优化营商环境要注意强化改革协同。实践中，有的审批事项取消下放时部门之间不协调、部门和地方不同步，还有的审批事项下放后地方接不住。例如，有的项目核准备案权限已经下放给市县级政府部门，但用地、环评等审批权限没有同步下放，不但给市场主体办事带来不便，也给后续监管造成困难，影响改革效果。再如，随着审批权的大量下放，基层政府审批事项明显增加，但有的地方和领域相关配套权限及人财物没有同步下放，加上指导培训不足、专业性不够，基层服务能力并没有同步跟上，导致接不住、也管不好，影响了企业和群众的办事体验。因此，在推进优化营商环境工作中，要既抓改革方案协同，也抓改革落实协同，更抓改革效果协同，促进各项改革举措衔接配合、相互促进、同向发力。

四、优化营商环境要持续深化改革

营商环境只有更好，没有最好。习近平主席指出，改革开放只有进行时，没有完成时。[1] 优化营商环境，既存在于国内改革的语境中，也立足于对外开放的背景下，是一项没有休止符的系统性工程。虽然近年来我国营商环境明显改善，在世界银行等国际组织发布的营商环境报告中排名大幅提升。但也要清醒地看到，转变政府职能的成效仍是初步的，优化营商环境还要付出艰苦努力。我国营商环境与国际先进水平相比仍有较大差距，有些指标排名还比较靠后。这就要求营商环境建设必须在深化“放管服”改革上有更大突破，在破除体制机制制约上有更大进展。

当前，世界经济充满不确定性，经济下行压力不断加大。优化营商环境已经到了不进则退、慢进亦退、非进不可的阶段，要把深化“放管服”改革、优化营商环境作为“六稳”“六保”的关键性举措，拿出刀刃向内、自我革命的决心和魄力，对标国际一流，以市场主体需求为导向，推动政府职能深刻转变，进一步优化政务服务、创新体制机制、强化协同联动、完善法治保障，以核心环节突破带动整体水平提升，为各类市场主体投资兴业营造更加稳定公平透明、可预期的良好市场环境。

[1]《习近平接受金砖国家媒体联合采访》，《人民日报》2013 年 3 月 20 日。

第五节

推进政府治理体系和治理能力现代化是优化营商环境的内在要求

优化营商环境是政府职能的深刻转变，要解决政府职能错位、越位、缺位和不到位问题，推动行政管理和服务方式不断创新，加快构建职责明确、依法行政的政府治理体系，为实现更高质量、更有效率、更加公平、更可持续的发展提供体制支撑和保障。

一、营商环境建设需要不断优化政府职责体系

习近平总书记指出，要科学界定政府职能范围，优化各级政府

组织结构，理顺部门职责分工，突出强化责任，确保权责一致。[1]优化营商环境是一场重塑政府和市场关系、刀刃向内的政府自身革命，需要着力完善行政管理体制，优化政府职责体系，全面正确履行政府职能，不断提高政府治理效能。

深入推进营商环境建设必须与促进政府职能转变、理顺部门职责关系统筹结合起来，突出优化协同高效。优化营商环境过程中暴露出的一些问题，比如，市场准入隐性壁垒，市场监管不公、监管不到位，以及一些部门和单位办事手续繁琐、相互推诿扯皮等问题，很多都与部门职责交叉、缺乏衔接配合有关。完善政府职责体系，要以优化协同高效为着力点。优化就是机构职能要科学合理、权责一致，协同就是要有统有分、有主有次，高效就是要履职到位、流程通畅。要通过营商环境建设，倒逼政府的内部机构、职责和业务的有机融合，使机构设置更加科学、职能配置更加优化、权责更加协同。特别是对确需由多个部门管理的事项，要确定牵头部门，分清主次关系和责任分工，明确责任链条分界点、衔接点，及时解决工作中遇到的矛盾和问题，确保责任链条无缝衔接。

深入推进营商环境建设，要强化政策协同配套，防止政出多门、政策效应相互抵消。政策不协同不配套，将导致政策效果大打折扣，甚至影响市场和社会预期。这也是营商环境建设过程中企业

[1]《在党的十八届二中全会第二次全体会议上的讲话》（2013 年 2 月 28 日），《习近平关于社会主义政治建设论述摘编》，中央文献出版社 2017 年版，第 110 页。

普遍反映的突出问题。加强政策制定协调，首先，在制定过程中，要充分考虑关联行业和领域实际情况、避免简单化“一刀切”，使各项政策相互促进、相得益彰。其次，在政策出台前，要科学审慎研判政策预期效果和各方面反应，根据轻重缓急、难易程度、推进条件，统筹把握好政策出台时机、力度和节奏。最后，在政策出台后，加强政策解读，及时回应关切，避免给市场和社会造成负面影响；要定期跟踪并科学评估政策实施效果，及时发现问题、调整完善，不断提高企业和群众满意度。

二、营商环境建设要求不断创新行政管理和服务方式

习近平主席指出，要更好发挥政府作用，更多从管理者转向服务者，为企业服务，为推动经济社会发展服务。[1] 习近平总书记强调，要利用区块链技术探索数字经济模式创新，为打造便捷高效、公平竞争、稳定透明的营商环境提供动力。[2] 行政管理和服务水平直接体现政府治理能力，关乎政府形象，也是评判营商环境的重要标准。新时代我国社会主要矛盾已经转化为人民日益增长的美好生活需要和不平衡不充分的发展之间的矛盾，人民的美好生活需要不

[1]《谋求持久发展 共筑亚太梦想——在亚太经合组织工商领导人峰会开幕式上的演讲》，《人民日报》2014 年 11 月 10 日。

[2]《习近平在中央政治局第十八次集体学习时强调 把区块链作为核心技术自主创新重要突破口 加快推动区块链技术和产业创新发展》，《人民日报》2019 年 10 月 26 日。

仅包括对物质文化生活提出的更高要求，而且在民主、法治、公平、正义、安全、环境等方面的要求也日益增长。与之相比，我国政府的社会管理和公共服务职能仍然比较薄弱，行政管理和服务方式亟待优化创新。

深入推进营商环境建设，必须坚持转职能、转方式、转作风，进一步创新管理、强化服务，把更多行政资源从事前审批转到加强事中事后监管和提供公共服务上来，着力为群众办事生活增便利。必须坚持精简行政许可和审批，对确需保留的许可、证明等事项实行清单管理，并大力推行告知承诺制，提高审批服务效率。必须坚持优化再造政务服务流程，不断完善首问负责、一次告知、一窗受理、并联审批等制度，让企业和群众来评判政务服务绩效。必须坚持全面推进政务公开，通过制度安排将政务公开贯穿政务运行全过程，以公开促落实、以公开促规范、以公开促服务。

创新行政管理和服务方式，要通过加强线上线下深度融合，进一步提升一体化政务服务水平。坚持政务服务上网是原则、不上网是例外，联网是原则、孤网是例外，不断优化以国家政务服务平台为总枢纽的全国一体化在线政务服务平台，以企业和群众需求为导向，在更大范围实现“一网通办”。坚持政务信息联通共享，打破“信息孤岛”，统一明确各部门信息共享的种类、标准、范围、流程，满足地方普遍性政务需求，增强跨地区、跨部门、跨层级业务协同能力，让数据多跑路、群众少跑腿。坚持推进政务服务标准化，统一政务服务事项名称、编码、依据、类型等基本要素，推进政务服务事项无差别受理、同标准办理，切实提升政务服务质量和水平。

三、营商环境建设要求推进社会治理现代化

习近平总书记指出，社会治理的重心必须落实到城乡社区。[1]社会治理的基础在社区，社区与人民群众的衣食住行最贴近。要把更多资源下沉到基层，打通数字政务的"最后一公里"，把好技术、好服务下沉到社区中去，否则再好的政策红利，缺少了社区服务这一环，都只能是"镜花水月"。

优化营商环境要求推动社会治理重心向基层下移，加强和创新社会治理过程，将更多资源、服务、管理放到社区，在观念、标准、手段、目标等方面下一番"绣花"功夫，持续推进社会治理的科学化、精细化，特别是要把大数据、人工智能等现代科技与社会治理深度融合起来，通过现代科技推进社会沟通、改进管理服务，打造数据驱动、人机协同、跨界融合、共创分享的智能化治理新模式，增强社会治理预见性、精准性、高效性，提高社会治理专业化水平。

[1]《习近平在参加上海代表团审议时强调 推进中国上海自由贸易试验区建设 加强和创新特大城市社会治理》，《人民日报》2014年3月6日。

近年来，一些省市在应用营商环境创新成果、推进社区治理现代化方面作了积极有益的探索。北京市以“街乡吹哨、部门报到”为改革抓手，积极探索党建引领基层治理体制机制创新，聚焦办好群众家门口事，打通落实“最后一公里”，形成行之有效的做法。

>> 案例 2-1

上海：做好社区治理的“加、减、乘、除”法

上海市立足当前、着眼长远，扬优势、补短板，做好社区治理的“加、减、乘、除”法，努力把社区这个重要基石筑得更牢。“加法”就是赋权增能，尽可能把资源、服务、管理放到社区，让离人民群众最近、感知最灵敏、反应最迅速、处置最快捷的基层有人有权有物。“减法”就是减负减压，让社区的干部从一些无谓的事务中解脱出来，有更多时间和精力为老百姓干实事、解难事。“乘法”就是科技赋能，以智能化为突破口，建设政务服务“一网通办”、城市运行“一网统管”，加快“社区云”建设，更好把要素和资源整合到一个平台上，推动社区数据共享，充分为基层所用，为社区精细

治理、精准服务提供支撑。“除法”就是要革除弊端，坚决反对形式主义，克服重“痕”不重“绩”、留“迹”不留“心”的倾向。切实防止“上下一般粗”，不搞简单“一刀切”。

第六节

优化营商环境必须坚持正确的方法论

优化营商环境是一场系统的经济社会改革，也是一项复杂的工程，必须要善于把握内在的规律和特点，系统谋划科学路径和有效抓手，坚持正确的方法论，引导优化营商环境工作不断向纵深推进。

一、坚持问题导向、目标导向、结果导向

习近平主席指出，改革是由问题倒逼而产生，又在不断解决问题中而深化。[1] 导向是行动的指引和方向。优化营商环境，问题

[1]《在布鲁日欧洲学院的演讲》，《人民日报》2014 年 4 月 2 日。

是着力点、目标是根本点、结果是落脚点，坚持目标导向、问题导向、结果导向是辩证统一的有机整体，也是优化营商环境的重要方法路径。

坚持问题导向，是马克思主义的鲜明特点。优化营商环境，产生于问题倒逼，聚焦于问题解决。虽然我国市场环境持续优化，但仍存在市场体系不完善、政府干预过多和监管不到位等问题，“不公平”感背后的体制机制障碍仍待加力破除。例如，民营企业的“玻璃门”未完全打破，市场准入负面清单外仍存在违规设立准入许可或设置隐性门槛等“名松实严”情形，限制公平准入的“土政策”和“潜规则”仍然存在。再如，各类资金资源支持倾向于国有企业和大企业，对中小企业不合理的限制仍然存在。全国人大2019年有关执法检查发现，还存在一些政府采购项目看重企业注册资本、经营年限等指标，实际上将中小企业排除在外；一些市政工程招标往往是“大企业中标、小企业干活”；一些地方的孵化区、创业园“拉郎配”搞产业聚集，中小企业难以进入等问题。要实现打造国际一流营商环境的目标，必须正视当前我国营商环境中存在的问题，以钉钉子精神一项一项予以解决。

坚持目标导向，就是要在正确分析把握问题的基础上，以满足市场主体需求、争创国际一流的目标为导向。要善于抓主要矛盾和矛盾的主要方面，明确有效破解问题的主攻方向，善于把化解矛盾、破解难题作为打开局面的突破口。比如，湖北省黄石市、襄阳市针对投资项目落地慢的问题开展企业投资项目改革试点，将报建流程由“先批后建”改为“先建后验”，相关审批时限由原来的几个月缩短至 30 个工作日以内，企业项目落地速度大为提升。为解决小微企业融资难问题，北京市在海淀区成立全国首家小微企业续贷中心，入驻银行 10 个工作日内可以完成授信，及时有效保障了小微和民营企业资金需求，为全国营商环境优化再次贡献出北京经验。总之，营商环境中发现的各种问题和需求，无论大事小事，都是事关企业发展、人民福祉的紧要问题，必须要科学统筹、优先解决，确保取得实效。

坚持结果导向，就是要以营商环境实际成效为标准，以实实在在业绩接受检验、评判工作。这就需要我们把营商环境的各项便民利企政策和改革措施落实落地，彻底打通“中梗阻”和“最后一公里”。同时，坚持结果导向，还必须自觉践行以人民为中心的发展思想，坚持用企业和群众获得感作为评价标准。人民群众满不满意、答不答应始终是优化营商环境的一把尺子，要严格落实政务服务“好差评”制度，健全政务服务奖惩机制，有效激发各地各部门创新工作、改进服务的内生动力，推动形成愿评、敢评、评了管用的社会共识。

二、坚持立足国情与对标国际相结合

习近平总书记指出，我们建设的现代化经济体系，要借鉴发达国家有益做法，更要符合中国国情、具有中国特色。[1]改革开放以来，中国立足自身国情和实践，从中华文明中汲取智慧，博采东西方各家之长，坚守但不僵化，借鉴但不照搬，在不断探索中形成了自己的发展道路。优化营商环境，既存在于全面深化改革的语境之中，也立足于建设开放型经济新体制的背景之下，必须坚持立足国情与对标国际相结合。

优化营商环境要对标国际通行规则和一流水平，持续推动投资贸易便利化。改革开放的实践告诉我们，要发展壮大，必须主动顺应经济全球化潮流，坚持对外开放，充分运用人类社会创造的先进科学技术成果和有益管理经验。优化营商环境必须要着眼国际经贸投资新规则的发展趋势，树立全球视野和战略眼光，以建设全球领先的营商环境为目标，对标国际一流营商环境衡量标准。党的十八大以来，我国积极推动自由贸易试验区（以下简称自贸区）建设，在自贸区内加快形成与国际通行规则相衔接的制度体系。自贸区试验的重要宗旨和使命，就是要开展营商环境国际化的试验，通过对标世界贸易组织（WTO）和高标准自由贸易协定（FTA）的要求，在自贸区先行先试，取得可推广可复制经验，以点带面促进我们自身加快制度建设，改善营商环境和创新环境，降低市场运行成本，提高运行效率，提升国际竞争力。

---

[1]《习近平在中共中央政治局第三次集体学习时强调 深刻认识建设现代化经济体系重要性 推动我国经济发展焕发新活力迈上新台阶》，《人民日报》2018年2月1日。

优化营商环境要立足中国实际，符合中国国情。社会主义基本经济制度把社会主义制度和市场经济有机集合起来，是在革命、建设特别是改革开放伟大实践中形成和确立的，是被实践检验拥有巨大优越性的制度。优化营商环境，必须要立足于社会主义基本经济制度这个新时代经济改革发展的根本遵循，牢牢把握社会主义初级阶段这个基本国情，充分考虑我国经济体制、发展阶段和国情实际，既不能封闭僵化，也不能照抄照搬，要在立足国情的基础上兼容并蓄、改革创新。比如，世界银行已经构建了一套营商环境评价指标体系，每年对世界 190 个经济体营商环境进行评价排名，具有较高的国际知名度和公信力。参照世界银行评价体系，我国营商环境评价体系在丰富和保留国际通行评价指标基础上，增设符合国情的评价指标，充分体现普适性指标与中国特色指标相结合的特点，突出了评价体系的公平性、客观性和创新性。

三、坚持顶层设计与基层探索良性互动

习近平总书记指出，摸着石头过河和加强顶层设计是辩证统一的，推进局部的阶段性改革开放要在加强顶层设计的前提下进行，加强顶层设计要在推进局部的阶段性改革开放的基础上来谋划。[1]

---

[1]《在十八届中央政治局第二次集体学习时的讲话》（2012 年 12 月 31 日），《习近平关于协调推进“四个全面”战略布局论述摘编》，中央文献出版社 2015 年版，第 55 页。

在推进优化营商环境工作中，必须加强顶层设计和总体规划，提高改革决策科学性、增强改革措施协调性。对地方、部门的先进经验做法，要及时进行总结提炼，上升为国家层面政策法规，在固化改革举措的同时更好指导实践，特别是在涉及各地营商环境的衡量标准上，要通过建立尺度统一的评价体系，加强对地方的统筹和指导，避免各行其是。

优化营商环境，既要加强宏观思考和顶层设计，也要继续鼓励地方和部门大胆试验、大胆突破。例如，北京市、上海市聚焦市场主体反映的突出问题，对标国际先进标准，推出大量改革举措，形成一批典型经验做法。2019 年 9 月，国务院办公厅专门印发通知，要求在全国复制推广借鉴京沪两地优化营商环境改革举措。江苏省推行“不见面审批”，浙江省开展“最多跑一次”改革，四川省成都市高新区推出“首证通”行政审批改革，广东省深圳市探索开展“秒批”服务，厦门、西安、长沙等市试点知识产权综合管理改革，大连、宁波、青岛等市开展优化税收营商环境试点，这些先行先试的创新做法，不但大大提升了行政效能和企业、群众获得感，也极大丰富了全国营商环境建设实践，为相关工作积累了宝贵经验。

第三章

党的十八大以来
优化营商环境实践成就

新时代孕育新思想，新思想指导新实践。党的十八大以来，在以习近平同志为核心的党中央坚强领导下，各地方、各部门深入贯彻习近平新时代中国特色社会主义经济思想，坚持新发展理念，坚定不移全面深化改革，不断健全制度规则、大幅放宽市场准入、加快推行公平监管、持续优化政务服务，着力激发市场活力、增强内生动力、释放内需潜力，推动我国营商环境朝着市场化、法治化、国际化的方向取得长足进步，已使各地区间的经济竞争从简单给土地、给资源、给资金的单项比拼，向重规则、重服务、重环境的综合竞争转变，有力促进了经济社会持续健康发展，也为进一步打造国际一流营商环境积累了宝贵经验。

第一节

立改废释持续推进，优化营商环境的法治保障更加完善

习近平总书记指出，要建立公平开放透明的市场规则和法治化营商环境，促进正向激励和优胜劣汰，发展更多优质企业。[1]

法律是治国之重器，良法是善治之前提。党中央对完善制度环境，健全法规制度、标准体系作出明确部署，要求坚持科学立法、民主立法、依法立法，完善党委领导、人大主导、政府依托、各方参与的立法工作格局，立改废释并举，不断提高立法质量和效率。

党的十八大以来，我国坚持法治保障、立法先行，着力规范制

[1]《中央经济工作会议在北京举行》，《人民日报》2018 年 12 月 22 日。

度制定程序，加快营商环境综合立法和投资、外资等重点领域制度建设，深化法规性文件立改废释，构建形成了以《优化营商环境条例》为基础性立法，以地方性法规规章为支撑的“1+N”法律制度体系，为优化营商环境提供了重要制度保障和支撑。

国家发展改革委狠抓制度建设，积极推动重点领域立法，完善配套政策制度，深入开展规章规范性文件“立改废”，建立健全制度从计划起草到清理废止的全生命周期管理机制，在保障改革举措落地的同时，也规范了自身权力运行。

一、以高质量立法推动营商环境优化改善

习近平总书记指出，要坚持问题导向，提高立法的针对性、及时性、系统性、可操作性，发挥立法引领和推动作用。要抓住提高立法质量这个关键，深入推进科学立法、民主立法，完善立法体制和程序，努力使每一项立法都符合宪法精神、反映人民意愿、得到人民拥护。[1]

人民群众对立法的期盼，已经不是有没有，而是好不好、管用不管用、能不能解决实际问题。党的十八大以来，新的《中华人民共和国立法法》（以下简称《立法法》）颁布实施，各级行政机关着力规范制度制定程序，建立完善相关机制，有效保障市场主体和社

[1]《在庆祝全国人民代表大会成立六十周年大会上的讲话》（2014 年 9 月 5 日），《求是》2019 年第 18 期。

会公众的知情权、参与权、表达权和监督权，提高制度科学性、民主性、透明性，增强政府公信力和执行力。

立法活动更加统一规范。2015 年 3 月，十二届全国人大三次会议通过了《立法法》修正案，进一步完善立法体制，发挥人大主导作用，厘清政府权力边界，强化公民权益保障。国务院修订颁布《行政法规制定程序条例》《规章制定程序条例》，印发《国务院办公厅关于加强行政规范性文件制定和监督管理工作的通知》，对行政法规、规章、行政规范性文件制定程序和监督管理作出明确要求。

国家发展改革委建立并严格执行规范性文件统一计划管理、统一制定程序、统一编号印发、统一有效期、统一评估清理的"五统一"制度；编制立法技术指引，对立法起草、征求意见、合法性审核、审议、报送、备案等工作程序作出明确规定，增强立法草案制度设计的针对性、有效性和可操作性。

审核把关更加严格细致。2018 年 12 月，《国务院办公厅关于全面推行行政规范性文件合法性审核机制的指导意见》印发，进一步明确规范性文件合法性审核的范围、主体、程序、职责和责任。2020 年 3 月，《国家发展改革委规章、行政规范性文件合法性审核指引》修订印发，明确审查程序及要求，对制度草案内容及制定程序，特别是对是否存在减损公民、法人和其他组织合法权益或者增加其义务，不利于优化营商环境等情形，是否履行了公开征求意见程序，进行严格审核把关。

公众参与更加畅通广泛。习近平总书记指出，要完善科学立法、民主立法机制，创新公众参与立法方式，广泛听取各方面意见和建议。[1]《优化营商环境条例》规定，除依法需要保密外，制定与市场主体生产经营活动密切相关的行政法规、规章、行政规范性文件，应当通过报纸、网络等向社会公开征求意见，期限一般不少于 30 日。《国务院办公厅关于在制定行政法规规章行政规范性文件过程中充分听取企业和行业协会商会意见的通知》印发，充分保障企业和行业协会商会合法权益。国家发展改革委将公开征求意见作为规范制度制定程序的重点，完善意见征求及反馈机制。

二、颁布实施《优化营商环境条例》，夯实营商环境法治之基

2019 年 10 月 22 日，国务院颁布《优化营商环境条例》，自 2020 年 1 月 1 日起施行。在内容上，《优化营商环境条例》明确严格规范和约束政府行为，为充分发挥市场在配置资源中的决定性作用、更好激发市场活力和社会创造力创造条件；明确规范和创新监管执法，为促进公平公正监管、更好实现公平竞争提供基本遵循；明确政务公开透明、便利高效、规范优质，为坚持以人民为中心、

[1]《关于〈中共中央关于全面推进依法治国若干重大问题的决定〉的说明》（2014 年 10 月 20 日），《中国共产党第十八届中央委员会第四次全体会议文件汇编》，人民出版社 2014 年版，第 84 页。

更好增强企业和群众获得感、幸福感、安全感提供制度性规定；明确进一步扩大对外开放，为扩大外资市场准入、更好发展更高层次的开放型经济提供法治保障；明确改革容错机制，为鼓励和支持探索创新、更好持续激发改革创新动力提供制度性保障。

» 专栏 3-1

《优化营商环境条例》“四个聚焦”

❖ 聚焦减审批、减材料。持续大幅取消行政许可等事项，实行清单管理制度，市场准入不断放宽。

❖ 聚焦规则公开透明。全面推行“双随机、一公开”跨部门联合监管，公平公正监管不断强化。

❖ 聚焦激活力、减负担。加强产权司法保护，大力推进减税降费，服务中小微企业力度不断加大。

❖ 聚焦减环节、压时限。简化优化审批办理环节，加快推进电子政务“一网通办”，市场主体获得感不断增强。

制定《优化营商环境条例》是我国的一项创举，是一项开创性工作。出台《优化营商环境条例》最重要最核心的意义，就是把近年来各地区、各部门在优化营商环境方面大量行之有效的政策、经验、做法上升到法规制度，使其进一步系统化、规范化，增强权威性、时效性和法律约束力，从制度层面为优化营商环境提供更加有力的保障和支撑。《优化营商环境条例》公布后，迅速引起社会高度关注和新闻媒体高频率宣传报道。社会点赞《优化营商环境条例》在推进公平、强化法治、继续开放、简政放权、市场主体保护等方面亮点纷呈，认为《优化营商环境条例》填补了相关领域的立法空白，对市场主体和社会各方面期待作出了及时回应，在全社会、全世界面前体现了中国持续推动优化营商环境的坚定信心和决心。

各地结合实际，在优化营商环境地方性立法方面积极探索和实践，辽宁、吉林、黑龙江、河北、陕西、天津等省市先行先试，在《优化营商环境条例》之前已出台相关地方性法规。《优化营商环境条例》颁布实施以来，各地区主动作为、迅速行动，结合地方实际加快研究制定省级或市级层面的优化营商环境地方性法规或政府规章，夯实优化营商环境法治保障和制度支撑。北京、山西、上海、安徽等省市，晋中、葫芦岛、银川、长沙等城市相继出台了落实《优化营商环境条例》的地方性法规或地方政府规章。

三、专项法律政策体系逐步健全，营造投资兴业良好环境

以企业投资、政府投资、外商投资、民间投资，以及竞争制度

等为重点，加快专项立法步伐，完善配套规章制度，为深化优化营商环境工作提供有力的法律制度保障。

（一）企业投资领域法律制度更趋完善，企业投资主体地位进一步强化

《中共中央 国务院关于深化投融资体制改革的意见》明确提出确立企业投资主体地位，充分激发社会投资动力和活力。2016年11月30日，国务院颁布《企业投资项目核准和备案管理条例》。这是我国固定资产投资领域第一部行政法规。《企业投资项目核准和备案管理条例》坚持政府核准的项目范围最小化原则，明确关系国家安全、涉及国家重大生产力布局、战略性资源开发和重大公共利益等企业投资项目实行核准管理，其他项目一律实行备案管理，并进一步规范项目核准和备案行为，防止备案成为变相行政许可。规定项目核准、备案原则上通过国家建立的项目在线监管平台办理。

为做好《企业投资项目核准和备案管理条例》贯彻实施，国家发展改革委制定出台了《企业投资项目核准和备案管理办法》《企业投资项目事中事后监管办法》等配套制度，细化落实有关规定和举措。《企业投资项目核准和备案管理条例》及其配套规定实施以来，企业投资自主权进一步落实，办理流程进一步简化，有效调动了社会资本积极性。

（二）政府投资领域立法实现突破，政府投资效益和规范化水平进一步提升

政府投资既是实施宏观调控、落实国家发展战略的重要手段，也是引导和带动社会资本扩大有效投资的有力抓手。2019 年 4 月 14 日，国务院颁布《政府投资条例》。《政府投资条例》明确约束政府投资范围，为充分发挥市场配置资源的决定性作用、激发社会投资活力创造条件；严格限定政府投资方向，为贯彻高质量发展要求、发挥政府投资补短板作用提供根本遵循；完善政府投资管理体制和管理方式，依法理顺管理职责、提升管理能力；严格项目和资金规范化管理，强化政府投资管理刚性约束；突出重点、统筹兼顾，为推进改革、深化实践提供方向和空间。

《政府投资条例》实现了我国政府投资法治建设的重大突破，为更好发挥政府投资作用提供了法治保障。《政府投资条例》颁布实施以来，各级政府投资方向进一步优化，着力扩大短板领域合理有效投资，政府投资“四两拨千斤”的引导效应有效发挥，为促进经济社会平稳可持续发展发挥了积极作用。

（三）外商投资领域立法加快出台，中国市场吸引力进一步增强

积极吸引和利用外商投资，是我国扩大对外开放和构建开放型经济新体制的重要内容，必须有健全的法治保障。2019 年 3 月

15日，第十三届全国人民代表大会第二次会议通过了《外商投资法》，自2020年1月1日起施行。《外商投资法》总结改革开放以来我国外商投资法律制度的实践经验，适应新形势新要求，确立了我国新型外商投资法律制度的基本框架，对外商投资的准入、促进、保护、管理等作出了统一规定，明确对外商投资实行准入前国民待遇加负面清单管理制度，保障外商投资企业平等参与市场竞争，是一部外商投资的促进法、保护法。

为做好《外商投资法》的贯彻实施，2019年12月26日，国务院颁布《外商投资法实施条例》，与《外商投资法》同步于2020年1月1日起施行，该条例重点对《外商投资法》中投资促进、投资保护等规定作了进一步细化，更加突出促进和保护外商投资的主基调，持续优化外商投资环境，进一步提振外商投资信心、稳定投资预期。2020年3月，《国家发展改革委关于应对疫情进一步深化改革做好外资项目有关工作的通知》出台，同年6月，《外商投资准入特别管理措施（负面清单）（2020年版）》发布，进一步扩大对外开放，促进和保护外商投资配套制度体系。

《外商投资法》及其实施条例颁布后，外企纷纷点赞，表示这部法律让外资企业吃下了“定心丸”，使中国继续成为跨国投资的热土。在外商投资法律制度体系的支撑推动下，面对2020年以来受新冠肺炎疫情影响全球跨境直接投资严重萎缩的严峻形势，中国吸收外资逆势增长，5月全国实际使用外资686.3亿元人民币，同比增长7.5%。

（四）促进民间投资领域政策制度稳步推进，民间资本积极性进一步提高

党的十八大以来，按照习近平总书记关于我国民营经济只能壮大、不能弱化的要求，促进民间投资的法规制度和政策措施密集出台，积极鼓励、支持、引导非公有制经济发展，激发非公有制经济活力和创造力。

出台促进民间投资综合性政策措施。2014 年 11 月，《国务院关于创新重点领域投融资机制鼓励社会投资的指导意见》印发，提出要统一市场准入，创造平等投资机会，创新投资运营机制，扩大社会资本投资途径。2017 年 9 月，《国务院办公厅关于进一步激发民间有效投资活力促进经济持续健康发展的指导意见》印发，从支持民间投资创新发展、降低企业经营成本、为民间资本提供多样化融资服务、确保政府诚信履约等十个方面提出具体措施。各部门、各地方积极跟进，狠抓落实，建立健全促进民间投资健康发展工作机制。《促进民间投资健康发展若干政策措施》等政策文件陆续出台，有针对性地解决制约民间投资增长的重点难点问题，强化涉企政策落实落地。

强化政府和社会资本合作政策支撑。政府和社会资本合作（PPP）模式是吸引社会资本参与基础设施和公用事业建设运营、增强公共产品和服务供给能力及效率的重要途径。国务院及各部门出台了一系列支持 PPP 模式推广应用的政策文件，如《财政部 发

展改革委 人民银行关于在公共服务领域推广政府和社会资本合作模式的指导意见》《国家发展改革委关于开展政府和社会资本合作的指导意见》《传统基础设施领域实施政府和社会资本合作项目工作导则》《基础设施和公用事业特许经营管理办法》等，推动我国PPP事业快速发展，截至2020年6月8日，各地已录入全国PPP项目信息监测服务平台的项目共7 192个，总投资9.7万亿元。

加快产权保护制度建设。产权制度是社会主义市场经济的基石，保护产权是坚持社会主义基本经济制度的必然要求。2016年11月，《中共中央 国务院关于完善产权保护制度依法保护产权的意见》印发，从加强各种所有制经济产权保护、完善平等保护产权的法律制度、完善政府守信践诺机制、加大知识产权保护力度等十个方面，对完善产权保护制度依法保护产权提出明确要求。2019年11月，中共中央办公厅、国务院办公厅印发《关于强化知识产权保护的意见》，要求综合运用法律、行政、经济、技术、社会治理手段强化知识产权保护，促进保护能力和水平整体提升。国家发展改革委会同有关方面认真抓好贯彻落实，产权保护各项改革举措逐步落地，特别是相关法律法规立改废、加强产权司法保护、强化知识产权保护等重点举措有力突破、成效显著。

保护民营经济的有关司法解释和意见及时跟进。针对实践中存在的排斥限制非公有制主体、违法使用刑事手段插手经济纠纷、恶意“逃废债”、侵犯知识产权等突出问题，司法机关立足职能，发挥司法引导作用，出台一系列司法解释、指导意见，为优化营商环境提供有力司法保障。例如，最高人民法院发布《关于为改善营商环境提供司法保障的若干意见》《关于适用〈中华人民共和国企业破产法〉若干问题的规定（三）》《关于全面加强知识产权司法保护的意见》，最高人民检察院发布《关于充分发挥检察职能 依法保障和促进非公有制经济健康发展的意见》等。通过出台一系列司法解释和意见，进一步加强了对各类市场主体特别是民营企业合法权益的平等保护，大大提高了企业家和从业人员安全感和创新创业的积极性，有效激发了市场活力和创造力，有力助推了经济高质量发展和建设更高水平开放型经济新体制。

（五）公平竞争制度更加健全，规范有序的市场环境进一步优化

党的十八大以来，落实习近平总书记关于强化竞争政策的基础性地位、创造公平竞争的制度环境的要求，建立健全公平竞争审查制度，深化价格机制改革，完善要素市场化配置机制，加快统一开放、竞争有序的市场体系建设。

价格管理制度建设加快推进。价格机制是市场机制的核心，党中央、国务院明确要求加快完善主要由市场决定价格机制。2015年10月，《中共中央 国务院关于推进价格机制改革的若干意见》印发，要求深化重点领域价格改革，建立健全政府定价制度，加强市场价格监管和反垄断执法，充分发挥价格杠杆作用。落实党中央、国务院要求，国家发展改革委组织修订中央和地方定价目录，

大幅缩减政府定价项目，全面放开竞争性领域商品和服务价格，制定修订政府定价行为规则以及成本监审、价格监测、价格听证等规章制度，对纳入政府定价目录的项目，制定分行业分领域的具体定价办法和成本监审办法，进一步规范政府定价行为，为加快完善主要由市场决定价格机制提供了有力制度保障。

招标投标等公共资源交易制度不断完善。包括工程建设项目招标投标、政府采购、土地使用权和矿业权出让、国有产权交易等在内的公共资源交易制度，是公平竞争制度体系的重要组成部分。党的十八大以来，招标投标等公共资源交易制度不断健全完善。出台《必须招标的工程项目规定》《必须招标的基础设施和公用事业项目范围规定》，大幅缩小必须招标项目范围，进一步落实市场主体投资自主权。出台《电子招标投标办法》，大力推进招投标全流程电子化，充分发挥信息技术在提高招标采购透明度、节约资源和交易成本、解决招标投标领域突出问题方面的独特优势。出台《国务院办公厅关于推进公共资源配置领域政府信息公开的意见》《公共资源交易领域基层政务公开标准指引》《招标公告和公示信息发布管理办法》，提升招标投标等公共资源交易全过程公开透明度。建立清理和规范招标投标有关规定长效机制，切实理顺政府与市场的关系，维护招标投标法律制度统一，营造公平竞争的市场环境。

公平竞争审查制度建立实施。为规范政府有关行为，防止出台排除、限制竞争的政策措施，营造公平竞争制度环境，2016 年 6 月，《国务院关于在市场体系建设中建立公平竞争审查制度的意见》

印发，要求在制定市场准入、产业发展、招商引资、招标投标、政府采购、经营行为规范、资质标准等涉及市场主体经济活动的规章、规范性文件和其他政策措施时，应当进行公平竞争审查。2017年10月，国家发展改革委会同有关部门印发《公平竞争审查制度实施细则（暂行）》。2020年5月，经国务院同意，《市场监管总局等四部门关于进一步推进公平竞争审查工作的通知》印发，加快构建全面覆盖、规则完备、权责明确、运行高效、监督有力的审查制度体系。同时，反垄断法律制度建设成效明显。《中华人民共和国反垄断法》（以下简称《反垄断法》）实施以来，反垄断执法机构切实加强反垄断领域法治建设，为市场主体建设公平开放透明的竞争规则。截至2019年底，已经形成以《反垄断法》为核心，1件行政法规、9件部门规章、5件反垄断指南、15件规范性文件构成的较为完备的反垄断法律体系。

四、深入开展法规性文件清理，消除改革的制度性障碍

习近平总书记指出，不能让一些过时的法律条款成为改革的“绊马索”。[1] 为使制度体系与深化改革相适应，党的十八大以来，法律、行政法规、规章、规范性文件等各个层级的制度清理深入开

[1]《在省部级主要领导干部学习贯彻党的十八届四中全会精神全面推进依法治国专题研讨班上的讲话》（2015年2月2日），《习近平关于社会主义政治建设论述摘编》，中央文献出版社2017年版，第103页。

展，相关清理机制逐步健全，为各项改革的纵深推进提供了有力制度保障。

实现制度文件“大瘦身”。为适应改革要求，全国人大常委会、国务院对涉及取消行政许可项目、部门职责调整，以及制约新产业、新业态、新模式发展等情形的法律、行政法规及时予以修改和废止，并部署各部门、各地方开展规章、行政规范性文件全面清理和专项清理。例如，2018 年，按照国务院部署，各地区各部门共清理出涉及违反产权保护原则要求的规章、规范性文件 5 847 件，涉及市场准入、生产要素使用、居民财产权利行使、地方保护等多个方面。

国家发展改革委落实党中央、国务院决策部署，将深化文件“立改废”作为推进“放管服”改革向纵深发展的重要抓手，2013 年以来，以与“放管服”改革不一致的和年代久远的文件为重点，共组织规范性文件专项和定期清理 4 次，废止和宣布失效规章、规范性文件、政策性文件近 3 000 件，涉及投资、价格、能源、产业政策等众多领域，在促进转型升级、激发市场活力、优化投资管理、规范依法履职等方面发挥了重要作用，有力巩固和深化了“放管服”改革成果。2017 年 12 月，经国务院批准，国家发展改革委等三部门联合印发《2017—2018 年清理现行排除限制竞争政策措施的工作方案》，组织各地区、各部门对超过 82 万份已出台文件进行了清理；废止或修订涉及地方保护、指定交易、市场壁垒的文件 2 万余份，有效制止和纠正了妨碍统一市场和公平竞争的各种规定和做法。

建立文件清理长效机制。《国务院办公厅关于加强行政规范性文件制定和监督管理工作的通知》要求，健全行政规范性文件动态清理工作机制，及时对本地区、本部门行政规范性文件进行清理。落实党中央、国务院要求，国家发展改革委在开展清理的同时，制定规章和规范性文件清理工作规则，建立了规章每隔 5 年清理一次、规范性文件每隔 2 年清理一次的定期清理机制，明确清理的原则、类型、标准和程序，并将规章和规范性文件清理任务完成情况纳入全委依法行政考核，确保清理工作依规有序进行，防止权力复归和文件边减边增。

第二节

简政放权不断深化，微观主体活力和社会创造力有效激发

简政放权是创新政府管理体制机制、深化行政改革的关键之举。推进简政放权改革，说到底是要为市场增活力、为发展添动力。

党中央、国务院对简政放权、转变政府职能作出明确部署，要求减少微观管理事务和具体审批事项，最大限度减少政府对市场资源的直接配置，最大限度减少政府对市场活动的直接干预，提高资源配置效率和公平性，激发各类市场主体活力。

党的十八大以来，各地方、各部门以正视问题的自觉和刀刃向内的勇气，坚决把该“放”的彻底放开，该“减”的彻底减掉，该“清”的彻底清除，用政府的“减法”换取市场活力的“乘法”，

取得了一系列进展和成效。

国家发展改革委始终把简政放权作为自身改革的首要任务，连续减少行政审批事项，大幅放宽市场准入，持续深化“减证便民”，加力推进减税降费，为企业“松了绑”，为群众“解了绊”，为市场“腾了位”，为廉政“强了身”，为各类市场主体发展注入了强大动力。

一、让政府市场“两只手”各就其位

2013 年，新一届政府成立之初，国务院部门各类审批达 1 700 多项，投资创业和群众办事门槛多，审批过程手续繁、收费高、周期长、效率低，不仅严重抑制市场活力、制约经济社会发展，还容易导致权力寻租、滋生腐败，企业和群众对此反映强烈。为此，国务院提出要以壮士断腕的决心和勇气向市场和社会放权，郑重承诺本届政府要减少行政审批事项三分之一以上。

2016 年，这一承诺目标提前超额完成。2016 年 5 月，国务院部门已经取消和下放行政审批事项 618 项，占原有审批事项的 36%，非行政许可审批彻底终结。实施商事制度改革取得明显成效，工商登记由“先证后照”改为“先照后证”，注册资本由实缴改为认缴，全面实施“三证合一、一照一码”。先后出台了一系列税收优惠政策，不断扩大营改增试点范围，砍掉了大部分行政审批中介服务事项，取消、停征、减免一大批行政事业性收费和政府性基金。

（一）连续取消下放行政审批事项，市场活力加速提振迸发

国务院部门行政审批事项大幅精简下放，2013 年至 2017 年，国务院部门已经削减行政审批事项 44%，中央政府层面核准的企业投资项目减少 90%，行政审批中介服务事项压减 74%。2018 年 7 月，国务院继续取消 11 项行政许可等事项。2019 年 2 月，国务院再次取消 25 项行政许可事项，下放管理层级 6 项。

国家发展改革委贯彻落实党中央、国务院决策部署，连续取消、下放行政审批事项。2013 年以来共推动取消、下放行政审批事项 47 项。

2014 年，国家发展改革委提前完成国务院削减三分之一以上行政审批事项的目标任务。

2015 年，国家发展改革委全面完成非行政许可审批事项清理，全部取消非行政许可审批类别。

2016 年，国家发展改革委全部取消职业资格认定事项，包括价格评估人员、价格鉴证师、招标师职业资格认定以及价格评估机构资质认定等事项。取消 17 项中央指定地方实施行政审批事项，清理规范 2 项强制性中介服务事项。

2019 年，推动取消“石油天然气（含煤层气）对外合作项目总体开发方案审批”行政许可事项，并同步制定公布加强事中事后监管措施。

截至 2020 年 7 月，国家发展改革委仅保留行政许可事项 6 项、

政府内部审批事项 10 项。

在取消、下放审批事项的同时，国家发展改革委始终坚持放管结合、并重，针对可能出现的监管不到位情况，出台《关于对取消和下放行政审批事项加强后续监管的指导意见》，强化指导服务，切实提升基层对下放事项接住管好的能力，使下放事项有人干、愿意干、能干好，确保取消事项放而不乱、下放事项接住管好，坚决防止“自由落体”。

（二）连续精简核准审批事项，全社会投资潜力加快激发释放

作为国务院投资主管部门，国家发展改革委连续下放审批、核准权限，减少前置条件，简化办理流程，落实企业投资自主权，调动企业和地方积极性，激发释放投资潜力。

减核准。《政府核准的投资项目目录》是企业投资项目管理的“负面清单”，除目录范围内的项目，一律实行备案制，由企业按照有关规定向备案机关备案。修订《政府核准的投资项目目录》，最大限度缩小核准范围，是落实企业投资自主权、优化营商环境的重要内容。

2013 年、2014 年、2016 年，国家发展改革委三次上报国务院修订《政府核准的投资项目目录》，中央层面核准项目削减比例累计约为 90%。铁路、高速公路、机场改扩建等原属于国家发展改革委事权的交通核准事项全部取消或下放。外商投资项目由全面核准

改为普遍备案加有限核准，95% 以上的外商投资项目实行备案管理。境外投资项目除敏感国家、敏感地区、敏感行业以外，98% 以上的境外投资项目取消核准改为网上备案。连续缩减核准范围，调动了企业和地方的积极性，有效激发了投资活力和经济发展内生动力。

减前置。一段时期内，企业投资项目虽然只需要办理一道核准手续，但在核准前必须办理的前置条件还非常多。这些前置条件涉及众多部门，手续繁杂，一度制约了企业高效便捷投资兴业。

2014 年，《国家发展改革委 中央编办关于一律不得将企业经营自主权事项作为企业投资项目核准前置条件的通知》印发，取消了 18 项属于企业经营自主权的前置手续，要求各级项目核准机关一律不得以任何形式和任何理由，将属于企业经营自主权的事项和内容作为项目核准的前置条件。

2014 年 12 月，国家发展改革委报请国务院办公厅印发《精简审批事项规范中介服务实行企业投资项目网上并联核准制度的工作方案》，将 32 项前置审批进行精简，只保留规划选址、用地预审（用海预审），其他审批事项实行并联办理。

2016 年，修订印发《固定资产投资项目节能审查办法》，将固定资产投资项目节能评估审查全部下放地方实施，大幅缩减能评范围。

减报建。投资项目报建审批事项，是投资项目申请报告核准或者可行性研究报告批复之后、开工之前，由相关部门和单位依据法律法规向项目单位作出的行政审批事项。报建审批事项的多少、办理时间的长短、办理效率的高低，直接关系项目投资能否真正发挥效益，关系相关投融资能否直接形成实物工作量。

国家发展改革委把清理规范投资项目报建审批事项作为打通项目开工前“最后一公里”，切实减轻企业投资经营成本的重要内容。2016 年，国家发展改革委报请国务院印发《清理规范投资项目报建审批事项实施方案》，对涉及 20 个部门共计 65 项的报建审批事项，保留 34 项，整合 24 项为 8 项，改为部门间征求意见的 2 项。涉及安全的强制性评估 5 项，不列入行政审批事项。清理规范后，报建审批事项减少为 42 项。方案同时要求，对于保留的审批事项进一步优化程序，明确办理流程、严格办理时限，切实体现为市场主体服务，把审批真正变为服务。

减审批。2013 年、2015 年、2017 年，国家发展改革委连续取消、下放交通、水利等领域政府投资项目审批权限，优化政府投资项目办理流程。

2013 年，将城市轨道交通项目管理权限下放至各省（区、市）。

2015 年，简化审批程序，对纳入国家规划的建设项目，在确保前期工作质量的前提下，由原来先后审批立项和可行性研究报告简化为只审批可行性研究报告一道手续。将国家高速公路网改扩建项目、普通国省道建设项目、内河航道建设项目（长江干线航道和国际国境河流航道建设项目除外）、内河航电枢纽建设项目、机场改扩建项目（增建跑道除外），下放省级政府审批。下放初步设计审批权限，除库容大于 2 亿立方米或坝高大于 70 米的大型水库、大型引调水工程和涉及跨省（区、市）水事协调的工程由水利部审批初步设计外，其他项目初步设计原则上由地方负责审批，具体审批方式在可行性研究报告审批时确定。

2017 年，再次下放一批交通项目的审批权限，包括列入国家批准的相关规划中非跨省新建普通铁路项目、新建高速公路项目、重大独立公（铁）路桥梁隧道项目、交通行业直属院校和科研机构等中央本级非经营项目等。

（三）竞争性领域和环节价格连续放开，市场价格环境加快形成完善

价格机制是市场机制的核心，市场决定价格是市场在资源配置中起决定性作用的关键。

党的十九大报告指出，经济体制改革必须以完善产权制度和要素市场化配置为重点，实现产权有效激励、要素自由流动、价格反应灵活、竞争公平有序、企业优胜劣汰。

近年来，发展改革部门紧紧围绕党中央、国务院决策部署，蹄疾步稳、攻坚克难，推进价格改革取得突破性进展，政府定价范围大幅缩减，以“准许成本 + 合理收益”为核心的科学定价制度初步建立，价格杠杆作用进一步发挥，对于持续优化营商环境、激发市场活力、增强发展动力、保障改善民生发挥了重要作用。

全面修订中央定价目录。2015 年，国家发展改革委修订《中央定价目录》，缩减定价项目约 80%，完善了主要由市场决定价格的机制。

2020 年，国家发展改革委对《中央定价目录》进行了第二轮修订，将定价项目限定在网络型自然垄断环节、重要公用事业和公益性服务范围内，再缩减近 30%。

我国已经建立以市场调节为主的价格形成机制，市场调节价的比重超过 97%。

» 专栏 3-2

《中央定价目录》2020 年修订主要内容

❖ 巩固近年来价格和收费改革成果。删除 2015 年以来国家明确放开或取消的价格和收费项目，主要涉及铁路、民航、港口、邮政、银行等领域。

❖ 突出垄断环节定价监管和竞争性环节价格市场化改革方向。坚定不移推进竞争性环节的市场化改革，将政府定价范围限定在重要公用事业、公益性服务和网络型自然垄断环节。如电力和天然气价格，按照“放开两头、管住中间”的改革思路，将“电力”项目修改为“输配电”，“天然气”项目修改为“油气管道运输”。

❖ 根据机构改革职责调整定价职责。如对部分特殊药品及血液的定价部门，根据机构改革职责进行了调整。

深化重点领域价格改革。我国 2 000 多种药品、全部农产品、绝大多数专业服务、部分交通运输和邮政服务等价格已由市场决定。持续扩大电力、天然气市场交易范围。

» 专栏 3-3

深化输配电价格改革

❖ 2014 年，首先在深圳市开展输配电价改革试点，同年 12 月，在蒙西电网开展我国首个省级电网输配电价改革试点。

❖ 2015 年，将试点范围扩大到安徽、湖北、宁夏、云南、贵州 5 省（区）。

❖ 2016 年，将北京、天津等 12 个省级电网和华北电网纳入试点范围。

❖ 2017 年，顺利实现省级电网输配电价改革全国全覆盖，出台《区域电网输电价格定价办法（试行）》《跨省跨区专项工程输电价格定价办法（试行）》《关于制定地方电网和增量配电网配电价格的指导意见》。

❖ 2019 年，修订出台《输配电定价成本监审办法》。

❖ 2020 年，修订出台《省级电网输配电价定价办法》《区域电网输电价格定价办法》。

指导修订地方定价目录。2015 年，国家发展改革委组织各地方集中修订地方定价项目，平均减少定价项目约 55%，保留的定价项目平均约 45 项。2018 年，完成新一轮地方定价目录修订，定价项目在 2015 年的基础上再减少 30%，平均保留 32 项左右。

» 专栏 3-4

2018 年地方定价目录修订主要放开的商品和服务价格

❖ 放开公用事业类别中的竞争性领域和环节价格。如部分省份放开了燃气领域的车用压缩气销售价格、民用液化石油气进销差价、管道煤气出厂价格。

❖ 放开公益性服务类别中的竞争性领域和环节价格。如教育领域，放开了营利性民办学校收费标准，个别省份根据省政府规定依法保留了非营利性民办学校收费，部分省份还放开了高校高中合作办学收费；养老服务领域，部分省份放开了非政府运营的养老服务机构收费；殡葬服务领域，放开了殡葬延伸服务收费。

❖ 放开重要专业服务类别中的竞争性领域和环节价格。主要包括专业评价类服务收费标准，质量检验检测监测服务收费标准，救援救护服务收费标准，交易平台或场地类服务收费标准，部分司法服务类收费标准，培训认证中介类服务收费标准，专业技能服务收费标准，公用事业延伸服务收费标准等。

❖ 放开（删除）了食盐价格、路（河）产损害补（赔）偿收费、增值税税控系统产品及维护服务收费、口岸查验和电子口岸服务收费等项目。

二、推进“非禁即入”普遍落实

实行统一的市场准入制度，是党中央为不断完善社会主义市场经济体制作出的重大决策部署。

党的十八届三中全会提出，实行统一的市场准入制度，在制定负面清单基础上，各类市场主体可依法平等进入清单之外领域。探索对外商投资实行准入前国民待遇加负面清单的管理模式。

实施准入负面清单，意味着我国在市场准入领域确立统一公平的规则体系，意味着清单之外的行业、领域、业务等，各类市场主体皆可依法平等自主选择是否进入，有关部门和地方政府不能再随意出台对市场准入环节的审批措施，也即“非禁即入”。

这一制度厘清了市场和政府在市场准入环节发挥作用的边界，

市场主体可以根据市场准入负面清单，一目了然地知晓什么不能做、什么需要审批许可、什么可以自主决定，从而为市场主体的创业创新提供了巨大空间，有利于市场这只“看不见的手”在市场准入环节发挥决定性作用。这项制度的建立还将加快推动形成各类市场主体公开公平公正参与竞争的市场环境，不断完善统一开放、竞争有序的现代市场体系，为发挥市场在资源配置中的决定性作用提供制度性保障。

国家发展改革委、商务部按照党中央部署要求，会同有关方面扎实推进市场准入负面清单、外商投资准入负面清单相关工作，加快赋予市场主体更多主动权，推进要素有序自由流动、资源高效配置、市场深度融合，努力营造稳定公平透明、可预期的营商环境。

（一）全面实施市场准入负面清单，各类企业平等享有市场准入条件待遇

2016 年，按照《国务院关于实行市场准入负面清单制度的意见》要求，国家发展改革委、商务部制定《市场准入负面清单草案（试点版）》，在天津、上海、福建、广东四省市开展试点。

2017 年，市场准入负面清单试点范围扩大到 15 个省市。

2018 年，国家发展改革委、商务部在认真总结试点经验并多轮征求各地区、各有关部门意见的基础上，对清单进行了全面审查修订和优化调整。2018 年底，经党中央、国务院批准，国家发展改革委、商务部印发了《市场准入负面清单（2018 年版）》。清单

主体包括“禁止准入类”和“许可准入类”两大类，其中禁止准入类4项、许可准入类147项，一共有151个事项、581条具体管理措施，与《市场准入负面清单草案（试点版）》相比，事项减少了177项，具体管理措施减少了288条。

2019年,《市场准入负面清单（2019年版）》印发实施，事项数量由《市场准入负面清单（2018年版）》的151项减少至131项，在保持稳定性和连续性的基础上，进一步缩减和优化了管理措施，丰富了信息公开内容，取消各地区自行编制发布的23个市场准入类负面清单，以清单为主要形式的市场准入负面清单制度体系不断健全。

市场准入负面清单公布实施以来，各地方、各部门扎实推进市场准入负面清单制度落地实施，取得了良好成效。具体体现在四个方面：一是建立了统一公平的市场准入规则体系，市场准入管理模式更为开放、更加包容、更可预期。二是提振了市场主体信心，为市场主体的创业创新提供了更大空间。三是规范了政府监管行为，有效推动政府“定好位”“防越位”“不缺位”。四是激发了市场主体活力，进一步促进发挥好市场在资源配置中的决定性作用。

（二）连续缩减外商投资准入负面清单，稳步提升投资自由化水平

2013年，上海自由贸易试验区成立后，外商投资负面清单改革加快推进。2013年9月29日，上海市发布《中国（上海）自由贸易试验区外商投资准入特别管理措施（负面清单）（2013年）》，

第一张外商投资准入负面清单试点运行。

2014 年，《中国（上海）自由贸易试验区外商投资准入特别管理措施（负面清单）（2014 年修订）》发布，特别管理措施从 190 条减少到 139 条。

2015 年，国务院办公厅印发《自由贸易试验区外商投资准入特别管理措施（负面清单）》，列明外资准入的 50 个条目、122 项特别管理措施，适用于上海、广东、天津、福建四个自由贸易试验区。

2017 年，国务院办公厅印发《自由贸易试验区外商投资准入特别管理措施（负面清单）（2017 年版）》，列明 40 个条目、95 项特别管理措施，与 2015 年印发的负面清单相比，减少 10 个条目、27 项措施，开放度大大提升。同年，国家发展改革委会同商务部等部门以负面清单模式修订《外商投资产业指导目录（2017 年修订）》，列明 63 项限制或禁止外商投资的管理措施，首次提出全国范围实施的外商投资准入负面清单。

2018 年，全国外商投资准入负面清单从《外商投资产业指导目录》中独立出来发布，统一列出股权要求、高管要求等外商投资准入方面的限制性措施，保留 48 条特别管理措施，比 2017 年修订版 63 条减少了 15 条。2018 年版自由贸易试验区负面清单特别管理措施由 95 条缩减至 45 条，并对标国际规则，主要列示股比要求和高管要求等外资准入方面的特别管理措施，实现与全国外资准入负面清单的可对比。

2019 年，全国和自由贸易试验区外商投资准入负面清单继续缩减，限制措施分别减至 40 项、37 项，在金融、汽车等行业领域推出了一系列重大开放举措，提振了外商投资信心。

2020 年以来，面对复杂形势，按照党中央、国务院部署，国家发展改革委会同商务部等部门修订出台了 2020 年版全国和自由贸易试验区外商投资准入负面清单，与 2019 年版相比，2020 年版全国负面清单由 40 条减至 33 条，压减比例达 17.5%；自由贸易试验区负面清单由 37 条减至 30 条，压减比例达 18.9%。

» 专栏 3-5

全国外商投资准入负面清单修订历程

❖ 2017 年，《外商投资产业指导目录（2017 年修订）》发布，首次提出全国范围实施的外商投资准入负面清单，63 项特别管理措施。

❖ 2018 年，《外商投资准入特别管理措施（负面清单）（2018 年版）》从《外商投资产业指导目录》中独立出来发布，共 48 项特别管理措施。

❖ 2019 年，《外商投资准入特别管理措施（负面清单）（2019 年版）》发布，共 40 项特别管理措施。

❖ 2020 年，《外商投资准入特别管理措施（负面清单）（2020 年版）》发布，共 33 项特别管理措施。

>> 专栏 3-6

自由贸易试验区外商投资准入负面清单修订历程

❖ 2013年，《中国（上海）自由贸易试验区外商投资准入特别管理措施（负面清单）（2013年）》试点运行。

❖ 2014年，《中国（上海）自由贸易试验区外商投资准入特别管理措施（负面清单）（2014年修订）》，特别管理措施从190条减少到139条。

❖ 2015年，《自由贸易试验区外商投资准入特别管理措施（负面清单）》，122项特别管理措施，适用于上海、广东、天津、福建四个自由贸易试验区。

❖ 2017年，《自由贸易试验区外商投资准入特别管理措施（负面清单）（2017年版）》，95项特别管理措施。

❖ 2018年，《自由贸易试验区外商投资准入特别管理措施（负面清单）（2018年版）》，45项特别管理措施。

❖ 2019年，《自由贸易试验区外商投资准入特别管理措施（负面清单）（2019年版）》，37项特别管理措施。

❖ 2020年，《自由贸易试验区外商投资准入特别管理措施（负面清单）（2020年版）》，30项特别管理措施。

三、从源头上避免各类“奇葩证明”

长期以来，各种各样层出不穷的“奇葩证明”，让人民群众不胜其烦：汽车被飓风刮倒的大树砸坏，需要找气象部门开具“风力气象证明”；去银行兑换破损钞票，需要找第三方开具“非被人为故意破坏”的证明。这些事项不仅大大提高了群众办事的制度性成本，也形成了滋生腐败的灰色空间。

针对社会反映强烈的“证明多”“证明繁”等问题，2018 年，《国务院办公厅关于做好证明事项清理工作的通知》印发，要求各部门、各地方做好证明事项清理工作，清理“奇葩证明”，切实做到没有法律法规规定的证明事项一律取消。

2018 年以来，各部门、各地方扎实开展“减证便民”行动，取消了一批奇葩证明和繁琐手续。截至 2019 年 4 月底，各地区、各部门共取消证明事项 13 000 多项，其中，各地区取消地方性法规设定的证明事项 400 多项、地方政府规章和规范性文件设定的 11 000 多项、无依据的 500 多项；各部门取消部门规章和规范性文件设定的证明事项 1 100 多项。与此同时，有关部门和地方开通运行“证明事项清理投诉监督平台”，探索推行告知承诺制，持续巩固拓展“减证便民”成效。

国家发展改革委落实党中央、国务院部署，深入开展证明事项清理工作。在推动出台《优化营商环境条例》工作中，明确提出“设定证明事项，应当坚持确有必要、从严控制的原则”，要求“对通过法定证照、法定文书、书面告知承诺、政府部门内部核查和部门间核查、网络核验、合同凭证等能够办理，能够被其他材料涵盖或者替代，以及开具单位无法调查核实的，不得设定证明事项”。在开展本部门证明事项清理工作中，对本部门规章和规范性文件等设定的各类证明事项进行全面清理，并向社会公开征求意见，形成了本部门证明事项清理意见。2020 年 3 月，国家发展改革委制定《国家发展改革委规章、行政规范性文件合法性审核指引（2020 年修订）》，要求设定证明事项，必须坚持确有必要、从严控制的原则并应当有法律、行政法规或者国务院决定依据，着力从源头上控制和减少证明事项。

» **案例 3-1**

地方经验做法

❖ 四川省成都市对保留的证明事项，以办事指南的形式，规范证明文本样式、明确办理用途及法律依据，并主动在门户网站等新媒体平台同步公布。

❖ 上海市制定《上海市公共数据和一网通办管理办法》，实行在线政务服务平台统一身份认证，为行政相对人提供多源实名认证渠道，实现一次认证、全网通办。

四、推动实体经济降成本增后劲

习近平总书记指出，实体经济是一国经济的立身之本，是财富创造的根本源泉，是国家强盛的重要支柱。[1]

实体经济竞争力的强弱，与其成本高低密切相关。

党的十八大以来，党中央高度重视降低实体经济成本，出台了一系列政策措施。2015 年 12 月中央经济工作会议把降成本作为供给侧结构性改革的重要内容，部署开展降低实体经济企业成本行动，降低制度性交易成本，降低企业税费负担，降低社会保险费，降低企业财务成本，降低电力价格，降低物流成本，打出降成本“组合拳”。

2016 年 8 月，国务院印发《降低实体经济企业成本工作方案》，系统部署了降低实体经济企业成本相关工作。

国家发展改革委会同有关方面扎实推进降低实体经济成本工作，在 2017 年、2018 年、2019 年连续印发《关于做好 2017 年降成本重点工作的通知》《关于做好 2018 年降成本重点工作的通知》《关于做好 2019 年降成本重点工作的通知》，分年度对降低实体经济成本各项任务作出安排，以服务实体经济发展为目标，加力推进

[1]《习近平在中共中央政治局第三次集体学习时强调 深刻认识建设现代化经济体系重要性 推动我国经济发展焕发新活力迈上新台阶》，《人民日报》2018 年 2 月 1 日。

减税降费，着力降低融资成本，切实降低用能成本、物流成本和铁路、港口、机场等收费，减轻企业负担，增添市场主体活力。

（一）深化增值税改革，所有行业税负只减不增

2016 年 5 月 1 日起，全国全面推开“营改增”试点，将建筑业、房地产业、金融业、生活服务业全部纳入营改增试点。

2017 年 10 月 30 日，国务院常务会议审议通过《国务院关于废止〈中华人民共和国营业税暂行条例〉和修改〈中华人民共和国增值税暂行条例〉的决定（草案）》，标志着实施 60 多年的营业税正式退出历史舞台。

2017 年 7 月 1 日，增值税改变原有 17%、13%、11%、6% 四档税率，取消 13% 税率，增值税率变为 17%、11%、6% 三档。

2018 年 5 月 1 日，国家下调增值税税率，原适用 17% 和 11% 税率的，税率分别调整为 16% 和 10%。

2019 年 4 月 1 日，国家进一步下调增值税税率，原适用 16% 税率的，税率调整为 13%；原适用 10% 税率的，税率调整为 9%。

连续推进税制改革，调整增值税税率，促进了营商环境持续改善。根据中国税务学会联合中国社会科学院财经战略研究院发布的《2019 年减税降费政策效应评估报告》显示，覆盖各个行业、各种类型调查样本企业中，对减税降费有获得感的企业占比达 97.5%，达到了普遍降低企业税费负担的政策目标。评估报告通过采集随机抽样的企业纳税申报数据，分别对下调增值税税率、提高小规模纳

税人免征额和小型微利企业所得税优惠政策的效应进行测算显示，2019 年减税降费政策拉动当期 GDP 增长 0.8 个百分点，社会消费品零售总额增长 0.87 个百分点，固定资产投资增长 0.58 个百分点，减税取得良好成效。

（二）降低用能、物流等成本，推动企业综合成本持续下降

国家发展改革委统筹运用实施煤电价格联动、推进输配电价改革、推进电力市场化交易、取消和降低通过电价征收基金及附加、完善两部制电价执行方式、取消电价优惠等措施，持续降低企业用电成本。2018 年、2019 年连续两年完成“一般工商业平均电价降低 10%”的任务。与此同时，通过降低天然气基准门站价格和跨省管道运输价格，推动各地方相应降低天然气终端销售价格和省内管道运输价格，积极稳妥降低企业用气成本。

» **专栏 3-7**

国家发展改革委密集出台政策举措
降低企业用电成本

❖ 2018 年 3 月，《国家发展改革委关于降低一般工商业电价有关事项的通知》：全面落实已出台的电网清费政

策，进一步规范和降低电网环节收费等。

❖ 2018 年 5 月，《国家发展改革委关于电力行业增值税税率调整 相应降低一般工商业电价的通知》：将增值税税率调整和电网企业留抵退税一次性退返等腾出的电价空间用于减轻企业负担。

❖ 2018 年 7 月，《国家发展改革委关于利用扩大跨省区电力交易规模等措施降低一般工商业电价有关事项的通知》：将扩大跨省区电力交易规模、国家重大水利工程建设基金征收标准降低 25% 等电价空间，全部用于降低一般工商业电价。

❖ 2019 年 3 月，《国家发展改革委关于电网企业增值税税率调整 相应降低一般工商业电价的通知》：将电网企业增值税税率由 16% 调整为 13% 形成的空间全部用于降低一般工商业电价。

❖ 2019 年 5 月，《国家发展改革委关于降低一般工商业电价的通知》：将重大水利工程建设基金征收标准降低 50% 等形成的降价空间，全部用于降低一般工商业电价。

❖ 2020 年 2 月，《国家发展改革委关于阶段性降低企业用电成本支持企业复工复产的通知》：自 2020 年 2 月 1 日至 6 月 30 日止，电网企业在计收高耗能行业以外电力用户（含已参与市场交易用户）电费时，统一按原到户电价水平的 95% 结算。

❖ 2020年6月，《国家发展改革委关于延长阶段性降低企业用电成本政策的通知》：将《国家发展改革委关于阶段性降低企业用电成本支持企业复工复产的通知》中的“95折”政策延长至2020年12月31日。

国家发展改革委会同有关部门采取取消和降低铁路杂费、降低和合并港口收费、推广高速公路差异化收费、降低民用机场收费等举措，加快降低企业物流成本。统计显示，我国社会物流成本水平保持稳步下降，社会物流总费用与GDP的比率从2014年的16.6%降至2019年的14.7%；工商企业物流费用率从2014年的8.3%降至2018年的7.9%；物流绩效水平在全球160多个经济体中排名第26位，在同等收入水平经济体中位居前列，为有效激发微观主体活力、促进实体经济发展创造了良好条件。

（三）清理规范收费项目，制止乱收费乱加价行为

国家发展改革委持续降低行政事业性收费标准，压减行政事业性收费项目，降低企业成本。中央设立的行政事业性收费由185项减少至50项，减少幅度约为73%。与此同时，国家发展改革委和财政部修订出台《行政事业性收费标准管理办法》，规范收费标准管理，提高收费决策科学性和透明度，建立并动态调整行政事业性收费目录清单，明确要求未列入行政事业性收费目录清单的收费项

目一律不得审批收费标准，用制度机制巩固收费清理成效。

国家发展改革委建立政府定价的经营服务性收费目录清单制度，自 2017 年至 2019 年，连续三年公布《政府定价的经营服务性收费目录清单》，形成了全国“一张网”，把所有的收费项目逐项、逐级晒明白，让老百姓和企业能够便捷地查询、使用和监督，防止已清理的收费死灰复燃。

国家发展改革委聚焦市场主体关切，持续规范相关服务收费，降低征信服务收费标准，完善银行卡刷卡手续费的定价机制、落实降费的政策，取消和暂停部分施行政府定价管理的银行基础金融服务收费，引导银行降低实行市场调节价相关服务收费，推动证券、期货系统减免相关服务收费，千方百计降低企业经营成本。

各级市场监管部门大力查处违法违规收费行为，推进重点领域收费监管工作，增强企业获得感。为规范商业银行收费，2013 年，组织开展全国范围商业银行收费检查；2014 年，督促各商业银行总行梳理取消没有实质性服务内容的收费项目，降低偏高的收费标准，减轻企业负担近 400 亿元；2016 年，印发《商业银行收费行为执法指南》，指导商业银行规范自身收费行为。据统计，2016 年以来，全国价监系统共检查行政机关、事业单位、商业银行、行业协会、中介机构等收费单位 4.65 万家，查处违法违规收费 50 多亿元，多次曝光涉企乱收费典型案件，涵盖行政机关、行业协会、电子政务平台、行政审批中介服务机构违规收费，形成强大震慑。通过进一步督促收费单位取消违规收费、没有实质服务内容的收费项目，将自身应承担的行政审批费用纳入部门预算或政府购买服务，废止违规收费政策文件，加强内部收费管理，减轻了企业不合理负担，优化了营商环境。

（四）破解融资难融资贵，降低融资成本

各部门、各地方瞄准市场主体特别是民营和中小微企业融资中的“堵点”“难点”，坚持问题导向，综合施策，千方百计缓解融资困难。

构建“三档两优”存款准备金率政策框架，运用定向降准、再贷款再贴现、利率等数量和价格手段，鼓励和引导金融机构扩大民营和中小微企业贷款投放。

创新推出民营企业债券融资支持工具。由人民银行提供部分初始资金，依托专业机构市场化运作，通过设立信用风险缓释凭证、信用保护合约等方式，为民营企业发债提供信用支持。

加大应收账款融资支持。积极开展小微企业应收账款融资专项行动，推动应收账款票据化，扩大小微企业融资渠道。

2020年新冠肺炎疫情发生以来，金融系统3次降准释放1.75万亿元长期流动性，设立3 000亿元专项再贷款，增加1.5万亿元普惠性再贷款再贴现额度，实施中小微企业贷款延期还本付息政策。小微企业贷款实现“量增、价降、面扩”，民营企业融资状况有所改善，小微金融债券和资本债券发行提速，缓解了企业融资困难。

第三节

公正监管加快推行，公平竞争的市场规则逐步健全

放管结合、并重，只放不管必有后患。

公平竞争是市场经济的核心，公正监管是公平竞争的保障。公平的准入，公正的监管，是鸟之两翼，不可偏废。如果监管不到位，那些坑蒙拐骗、侵犯知识产权、假冒伪劣、恶意拖欠款项的行为就有可能肆意妄为。

这要求政府既要做好“放”的减法，把不该管的交给市场，也要做好“管”的加法，把政府该做的事情做好，切实做好公平公正监管这篇大文章，以公正监管维护市场秩序，以创新监管提升政府管理水平，以包容审慎监管助力新动能健康成长。

党的十八大以来，各地方、各部门认真贯彻党中央、国务院决

策部署，加快构建权责明确、公平公正、公开透明、简约高效的事中事后监管体系，以公正监管促进公平竞争，坚决破除妨碍公平竞争的体制机制障碍，努力营造公平开放透明的市场规则和法治化营商环境。

发展改革部门既是宏观管理和经济综合协调部门，也是重要的监管执法部门，依法承担着固定资产投资、易地扶贫搬迁、节能等监管职能。近年来，发展改革部门大力创新监管方式，加快提升监管效能，狠抓重点领域重点监管，着力推进监管执法透明规范、合法公正，取得了一系列积极成效。

一、以监管方式创新提升监管效能

事中事后监管工作千头万绪。随着经济社会发展日新月异，监管力量不足、知识不足、能力不足等问题日益凸显，这倒逼行政机关加快创新监管方式，从人工低效管理向数字化高效管理转变，从市场主体单一行为监管向全生命周期监管转变，从一个部门单打独斗向纵横协同监管转变。

在新冠肺炎疫情防控工作中，有关部门和地方将大数据技术运用到疫情防控的决策、发现、处置等环节，成为抗击疫情的一个显著特征。相比传统的人工记录、填表统计、排查筛选等举措，互联网和大数据对疫情的精准防控和精准施策提供了有效支撑，展现了新技术在事中事后监管中蕴藏的潜力和广阔前景。

（一）积极推进“互联网＋监管”，提升监管精准化、智能化水平

各地方、各部门积极发挥现代科技手段在事中事后监管中的作用，推动人工智能向政府管理全面赋能，变人工巡查发现问题为智能发现问题，通过监控探头、物联网采集数据，运用大数据、图像识别等智能技术分析数据，努力实现各类风险自动抓取、智能研判和快速预警。

2019年9月，国家“互联网＋监管”系统上线运行，联通汇聚全国信用信息共享平台、国家企业信用信息公示系统等重要监管平台数据以及各级政府部门、社会投诉举报、第三方平台等数据，将政府履职过程中形成的行政检查、行政处罚、行政强制等信息以及司法判决、违法失信、抽查抽检等信息进行关联整合，并归集到相关市场主体名下，运用大数据等技术加强对风险的跟踪预警。国家发展改革委迅速完成本部门“互联网＋监管”系统建设，梳理“互联网＋监管”事项，将固定资产投资项目核准监管、外商投资项目核准备案监管、境外投资项目核准备案监管等事项纳入监管事项清单，并接入国家“互联网＋监管”系统。

》案例 3-2

地方经验做法

❖ 北京市利用市场监管“风险洞察”平台，既集合注册登记、商标、行政执法案件等市场监管系统数据，又整合交通、环保、公安等部门数据，梳理成企业“全景画像”，实施精准监管、智慧监管。

❖ 湖北省建成重大项目智慧应用平台，通过数字化地图精准定位，一键操作展示项目经纬度、基本信息和进展情况，强化投资项目远程监管、实时在线监管。

国家发展改革委建成运行投资项目在线审批监管平台。2014年，针对企业投资项目核准存在的前置审批手续繁杂、效率低下，依附于前置审批的中介服务行为不规范、收费不合理等突出问题，国务院办公厅印发《精简审批事项规范中介服务实行企业投资项目网上并联核准制度的工作方案》，部署按照“先横后纵”，在政府外网上建设投资项目在线审批监管平台。

国家发展改革委会同有关方面扎实推进全国投资项目在线审批监管平台建设，2015年6月，平台实现中央层面16个部门“横向联通”，同年12月平台完成全国“纵向贯通”，中央、省、市、县四级联网，投资项目审批、核准、备案全部纳入平台，实现平台受理、在线办理、限时办结、依法监管、全程监察。

投资项目在线审批监管平台通过公开统一审批事项名称和申请材料清单、办事指南、审批结果，既有助于及时发现和处理未批先建、批建不符等问题，也有利于加强社会监督，增进监管合力。平台归集了全社会固定资产投资项目信息及审批结果，以及投资审批相关产业政策、发展规划等，为投资主管部门开展项目调度、查询统计以及投资趋势分析提供有力数据支持，也为各类投资者和研究机构决策项目建设和开展经济预测分析提供重要参考依据。随着功能的日益完善，投资项目在线审批监管平台正在加快形成以统一项目代码为基础，以在线审批为核心功能，集项目调度、监管服务、大数据分析、投融资机制创新等多种功能为一体的综合管理平台。

（二）加快构建以信用为基础的新型监管机制，社会信用体系建设取得积极成效

在现代市场经济条件下，信用不仅仅是个人私德与品行，也是经济良性运行的前提，社会稳定有序的基础。

2014 年 6 月、2015 年 10 月、2019 年 7 月，《国务院关于促进市场公平竞争维护市场正常秩序的若干意见》《国务院关于“先照后证”改革后加强事中事后监管的意见》《国务院办公厅关于加快推进社会信用体系建设 构建以信用为基础的新型监管机制的指导

意见》印发，要求按照依法依规、改革创新、协同共治的原则，以加强信用监管为着力点，建立健全贯穿市场主体全生命周期，衔接事前、事中、事后全监管环节的新型监管机制，不断提升监管能力和水平，进一步规范市场秩序、优化营商环境、推动高质量发展。

国家发展改革委作为社会信用体系建设牵头部门，会同有关方面持续推进政务诚信、商务诚信、社会诚信和司法公信建设，在信用信息归集共享、信用联合奖惩、信用助力普惠金融等重点领域和关键环节取得显著进展。

建成运行全国信用信息共享平台。2015 年，国家发展改革委建成全国信用信息共享平台，截至 2020 年 7 月，已联通 46 个部门、所有省（区、市）以及国家金融信用信息基础数据库、国家企业信用信息公示系统，信用信息网络基本建立，数据逐步打通，通过“信用中国”网站实时公示信用信息，为部门协同监管和社会广泛监督创造了有利条件。建立统一社会信用代码制度，覆盖所有法人和非法人组织，总赋码数超过 1 亿个，存量代码完成转换。市场主体拥有了唯一的“身份号码”，实现“一照一码走天下”。

全面建成国家企业信用信息公示系统。根据《企业信息公示暂行条例》，为配合实施企业年报公示、企业信息公示等商事制度改革举措，原工商总局在 2014 年 3 月 1 日开通上线的基础上，于 2017 年底全面建成国家企业信用信息公示系统。2020 年 6 月底，该系统汇聚我国 1.3 亿全量市场主体的注册登记备案、动产抵押登记、股权出质登记、行政许可、行政处罚、抽查检查结果、纳入经营异常名录和严重违法失信企业名单等信息，记于相对应市场主体名下，形成市场主体多维信用画像，为社会各界查询应用市场主体信用信息提供便利，为促进市场交易信息对称、优化营商环境奠定重要基础。从2016年12月底至2020年6月底，该系统累计访问量达1 306.42亿次、日均访问量达1.02亿次，累计查询量达112.07亿次、日均查询量达870.8万次。

推进社会信用法规制度建设。《中华人民共和国民法典》《中华人民共和国食品安全法》《中华人民共和国公务员法》《保障农民工工资支付条例》《企业信息公示暂行条例》等近30部法律、40部行政法规中明确信用建设相关条款，湖北、上海等7个省（市）出台信用建设地方性法规。48项社会信用体系相关国家标准先后颁布实施。

推行信用分级分类监管和信用承诺制度。以信用风险为依据优化配置监管资源，提升监管精准性和有效性。在推进行政审批制度改革过程中，将通过事中事后监管能够纠正不符合审批条件行为的审批事项改为告知承诺制，简化办事程序。

推广“信易贷”助力中小微企业融资。建立全国中小企业融资综合信用服务平台，推进注册登记、知识产权、劳动用工、纳税社保、水电气缴费等企业信息共享，推动信贷资金直达实体经济特别是中小微企业，助力做好“六稳”“六保”工作。截至2020年7月，依托该平台累计向中小微企业发放“信易贷”总规模突破4 000亿元。

（三）全面推行“双随机、一公开”监管，防止检查任性和执法扰民

实践中，许多名目繁多的检查搞得企业无所适从，让企业经常处于疲于应付的状态。这种随意任性的监管很容易滋生寻租空间。

为切实杜绝任性执法和重复检查，2015 年，《国务院办公厅关于推广随机抽查规范事中事后监管的通知》印发，要求在市场监管领域推广随机抽取检查对象、随机选派执法检查人员、抽查情况及查处结果及时向社会公开的“双随机、一公开”监管，解决一些领域存在的检查任性和执法扰民、执法不公、执法不严等问题。

2019 年，《国务院关于在市场监管领域全面推行部门联合“双随机、一公开”监管的意见》印发，部署推行部门联合“双随机、一公开”监管，实现市场监管领域全覆盖。2020 年，市场监管总局等 16 部门印发《市场监管领域部门联合抽查事项清单（第一版）》，纳入 35 个领域共 74 个抽查事项，为各地实施部门联合抽查提供参考，推动实现市场监管领域相关部门“双随机、一公开”监管全覆盖，地方各级人民政府相关部门在市场监管领域联合“双随机、一公开”监管常态化。

各地方、各部门贯彻落实党中央、国务院决策部署，大力推行“双随机、一公开”监管，并将随机抽查的比例频次、被抽查概率与抽查对象的信用等级、风险程度挂钩，对有不良信用记录、风险高的加大抽查力度，对信用较好、风险较低的适当减少抽查，切

实防止重复检查、执法扰民。比如，天津市、河北省、吉林省等地方探索推进“进一次门、查多项事”，为推动部门联合双随机抽查积累了经验。贵州省建立了全省统一、资源共享的“双随机、一公开”行政执法信息化平台，将省、市、县三级行政执法机关、行政执法事项以及行政执法人员统一纳入平台管理。

（四）探索推行包容审慎监管，为新动能发展壮大留足空间

近年来，我国新业态、新技术、新模式方兴未艾，不仅推动了经济发展、增加了就业岗位，更大大方便了群众生活。相比传统业态，新业态代表着新的生产力，对经济增长影响越来越大，成为可能爆发新技术革命的重要领域。

然而，新事物往往伴随着巨大不确定性，企业不知道新业态会如何演变，社会无法预知新业态会产生什么影响，监管部门较难跟上新业态创新的步伐。同时，不合时宜的监管措施也可能扼杀新业态潜在的创新力，制约新业态的健康发展，缺乏监管又可能导致新业态突破边界，触及公众利益或者经济社会风险的底线。

新业态呼唤新的监管模式。为此，2019 年，《国务院关于加强和规范事中事后监管的指导意见》印发，部署对新技术、新产业、新业态、新模式实施“包容审慎”的监管方式。

各部门、各地方贯彻落实党中央、国务院决策部署，按照鼓励创新原则，为新技术、新产业、新业态、新模式留足发展空间。

大力促进数字经济新业态新模式发展。国家发展改革委主动

适应新冠肺炎疫情期间无接触配送、在线医疗、在线教育、远程办公等新业态新模式快速发展的新形势，深入研究促进数字经济新业态新模式发展问题，联合有关部门积极推动出台支持新业态新模式健康发展的政策意见。力求通过政策引导和监管创新，探索与新业态新模式发展相适应的体制机制和政策环境，给市场提供更大发展空间和创新想象空间，更好地释放数字化在实体经济各领域的创新效能。

大力促进平台经济规范健康发展。国家发展改革委围绕创新监管理念和方式、实行包容审慎监管等方面，推动建立健全适应平台经济发展特点的新型监管机制。要求有关方面本着鼓励创新的原则，分领域制定监管规则和标准，在严守安全底线的前提下为新业态发展留足空间。对看得准、已经形成较好发展势头的，分类量身定制适当的监管模式，避免用老办法管理新业态；对一时看不准的，保持耐心，防止一上来就管死；对潜在风险大、可能造成严重不良后果的，严格监管；对非法经营的，坚决依法予以取缔。

大力促进“互联网+社会服务”发展。国家发展改革委会同教育部、民政部等部门联合印发《关于促进“互联网+社会服务”发展的意见》，要求对于社会服务领域新业态新模式，除涉及个人隐私、伦理道德、资金安全、责任事故、公共安全、社会稳定等情况外，给予市场主体充分的容错试错机会和更多的发展空间，积极推进电子病例互认共享、“双师教学”、职业教育在线实训、在线诊疗和在线教育装备应用等试点，为进一步探索各类新业态新模式创造基础条件，成熟后逐步按程序推广复制，营造包容审慎、鼓励发展的良好环境。

二、重点领域精准发力

对重点领域实行重点监管，是加强和规范事中事后监管的重要内容。

2019 年，《国务院关于加强和规范事中事后监管的指导意见》印发，要求对直接涉及公共安全和人民群众生命健康等特殊重点领域，依法依规实行全覆盖的重点监管，强化全过程质量管理，加强安全生产监管执法，严格落实生产、经营、使用、检测、监管等各环节质量和安全责任，守住质量和安全底线。

国家发展改革委聚焦党中央、国务院重大决策部署，立足职能职责，对重点领域实行重点监管，科学确定监管内容、方式和频次，精准发力提升监管效能。

（一）加强投资领域事中事后监管，保证“稳投资”政策措施落地落实

做好稳投资工作，对于稳定经济增长、发挥投资对优化供给结构的关键性作用、改善基础设施条件、提升长期综合竞争实力具有重要意义。

实践中，未批先建、违规审批、重复建设、垫资施工等行为

时有发生，扰乱了投资秩序，破坏了投资营商环境，制约了“稳投资”政策措施落地见效。

作为国务院投资主管部门，国家发展改革委积极履行投资管理职责，突出重点、分类施策，持续加强投资领域事中事后监管。对政府投资，切实加强规范管理，不断提升投资质量效益，发挥好对稳投资的引导、带动作用。对民间投资，凡是市场能做的，政府营造良好的投资环境，充分调动民间投资的积极性。

贯彻《企业投资项目核准和备案管理条例》要求，国家发展改革委先后出台《企业投资项目核准和备案管理办法》和《企业投资项目事中事后监管办法》，落实各级发展改革部门监管责任，建立了委托第三方机构现场核查、畅通投诉举报渠道、违法违纪线索移送等监管机制，明确对项目单位是否如实及时报送建设实施基本信息、是否按照核准的建设内容进行建设、是否依法办理变更或延期手续等进行重点监管，着力规范企业投资行为，维护公共利益和企业合法权益。

贯彻《政府投资条例》要求，《国家发展改革委关于规范中央预算内投资资金安排方式及项目管理的通知》《国家重大建设项目库运行管理暂行办法》等系列文件先后出台，细化直接投资、资本金注入、投资补助、贷款贴息等资金安排条件和要求，规范政府投资行为，发挥政府投资资金的引导带动作用，激发社会投资活力。

按照党中央、国务院“放管服”改革要求，国家发展改革委在大幅推进节能审查简政放权的同时，强化事中事后监管，更好发挥节能审查对能耗“双控”的源头把控作用。修订《固定资产投资项目节能审查办法》，组织编制《固定资产投资项目节能审查意见落实情况监督检查工作指南（2018年本）》，加强投资项目节能情况监督检查，明确节能审查监管责任，规范检查程序，统一检查要求，强化技术指导。国家发展改革委对全国节能审查信息实施动态分析，对重大项目节能审查意见落实情况进行抽查，对违法违规问题进行公开并依法处理。2013年至2019年，国家发展改革委组织了6次监督检查，覆盖29省（区、市），抽查项目163个。国家发展改革委督促和指导地方节能审查主管部门开展监督检查工作，并将地方开展监督检查情况作为对省政府能耗“双控”目标责任评价考核的考核指标。

» 案例 3-3

国家发展改革委开展投资法规执法检查疏解治理投资“堵点”专项行动

2019年11月，国家发展改革委根据《优化营商环境条例》有关规定，部署各地方对《政府投资条例》《企业投资项目核准和备案管理条例》等投资法规实施情况进行检查，疏解治理投资建设领域“堵点”，查找和纠正政府投资领域未批先建、自批自建、擅自调整投资概算、决策审查流于形式导致批后难以实施、对建设内容和建设规模较大变更监管不到位等问题，查找和纠正企业投资领域核准职能下放层级与承接能力不匹配、简单一放到底、基层托不住，擅自扩大核准范围、核准环节干预企业自主经营权事项以及对违反产业政策等项目监管不到位等问题，着力强化“稳投资”政策措施落地，提升固定资产投资效益。

投资法规执法检查疏解治理投资“堵点”
专项行动征集意见网络入口

（二）强化易地扶贫搬迁常态化监管，确保每一笔资金都用在刀刃上

易地扶贫搬迁涉及生活在“一方水土养不起一方人”地区的近 1 000 万贫困人口，是脱贫攻坚工作中难度最大、投入最多、工

作链条最长的“头号工程”，是“五个一批”精准扶贫举措中最难啃的“硬骨头”，也是国家发展改革委开展事中事后监管工作的重点。

为切实管好用好易地扶贫搬迁资金，国家发展改革委会同有关部门和地方建立常态化监管机制，对部分省份进行“点穴式”检查，并通过国家扶贫开发信息系统比对搬迁对象相关基本信息，运用卫星遥感数字成像方式查看迁出区拆旧复垦情况，提高资金使用效益。

抓制度规范。易地扶贫搬迁资金中有中央预算内投资，也有专项建设基金。根据资金来源性质差异，国家发展改革委坚持制度先行，相继印发实施《易地扶贫搬迁中央预算内投资管理办法》和《易地扶贫搬迁专项建设基金监督管理暂行办法》，分别明确了资金项目监管的内容和基本要求。

抓专项检查。国家发展改革委建立了常态化监督检查制度，围绕搬迁对象精准识别、资金运作、安置区建设等关键环节，开展了多轮专项监督检查，实现了对22个省份全覆盖。对发现的问题，要求地方全面自查、限期整改。

抓定点监测。2016年，国家发展改革委联合相关部门，对第一批17个省份69个易地搬迁重点项目实行挂牌督办，积极预防和重点查办5大领域职务犯罪，并及时将有关案件反馈相关省份，督导地方及时整改、引以为戒。同时，密切跟踪关注有关部门在督查巡查以及审计、巡视、媒体报道等反映的问题，对涉及易地扶贫搬迁的问题第一时间核实处理。2019 年，针对个别地方易地扶贫搬迁工程质量安全暴露出的突出问题，国家发展改革委会同有关部门部署在 22 个承担易地扶贫搬迁任务的省份，对“十三五”时期已建成和正在建设的易地扶贫搬迁安置点、安置住房开展集中排查，消除安置点和安置住房的质量安全隐患。

抓定期考核。为发挥考核机制以评促改的作用，国家发展改革委会同相关部门印发《易地扶贫搬迁工作成效考核暂行办法》，将资金到位、项目执行情况作为考核的重要内容。建立易地扶贫搬迁进度信息月通报制度，定期调度和通报项目推进、资金承接使用情况。

抓在线监管。用好一网一平台。依托投资项目在线审批监管平台，在年度搬迁任务计划和投资计划下达、工程调度等工作中，要求各地在线填报和更新有关项目建设、工程进度和投资完成情况，实现动态跟踪检查。2017 年 4 月，国家发展改革委开通全国易地扶贫搬迁网，构建起上下贯通的网上数据信息库和监测调度系统，对安置人口数量较多的项目实现了动态跟踪。一些省份也先后建立易地扶贫搬迁信息管理平台或网上直报系统，实现了对搬迁项目建设进展情况和资金拨付的实时监控、实时调度、实时评估。

（三）开展招投标领域营商环境专项整治，规范招投标市场秩序

招标投标是产品和服务进入市场的重要环节，连接供需两端，是市场化配置公共要素资源的重要方式。

当前，工程项目招投标领域存在一些市场主体反映强烈的突出问题。部分地方政府部门和国企招标人出于保证工程建设质量和进度、本地经济发展压力、避免责任追究等多方面因素，对民营和外资企业、中小企业、外地企业缺乏信任和平等保护意识，违法设置限制、排斥不同所有制企业参与招投标的规定，客观上造成了不同所有制企业投标的隐性门槛和壁垒。还有不少地方制定出台的招投标法规文件存在与上位法相抵触的“地方特色”“行业特色”，妨碍全国统一市场和公平竞争。

2019 年，为了切实维护公平竞争的市场秩序，按照党中央、国务院优化营商环境决策部署，国家发展改革委、工业和信息化部、住房城乡建设部、交通运输部、水利部、商务部、国家铁路局、中国民航局联合印发《工程项目招投标领域营商环境专项整治工作方案》，部署在全国开展了为期四个月的工程项目招投标领域营商环境专项整治。专项整治重点从以下三个方面展开。

（1）对现行有效招投标相关法规、规章、文件进行全面清理，对违反竞争中性原则、限制或者排斥不同所有制企业招投标、妨碍建立统一开放竞争有序现代市场体系的制度规定一律按照权限予以修订或废止并向社会公布。

（2）按照监管职责分工，对整治范围内招标项目的招标公告、投标邀请书、资格预审公告、资格预审文件、招标文件等开展事中事后随机抽查。同时，依托各级招投标公共服务平台、公共资源交易平台、行业招投标管理平台，运用大数据分析等手段对整治范围内的招标项目进行全面筛查和动态监测。

（3）建立健全投诉举报接收、转办、反馈工作机制。对违法违规问题易发高发领域、社会关注度高的重点工程以及有投诉线索的项目进行重点核查。从解决企业关心的一个个具体招标项目问题入手，推动营商环境整体改善。

专项整治期间，各地区、各有关部门共修订或废止 2 032 件法规、规章、文件，进一步营造了公平竞争的制度环境，促进了全国招投标法规制度体系的统一。共抽查项目 125 941 个，抽查发现问题 14 007 个，重点核查项目 12 319 个，发现问题 2 554 个，根据违法违规行为严重程度，对相关主体作出责令改正、责令承诺不再违规、重新评标、重新招标、罚款等处理，查处纠正了一大批违法违规行为，进一步破除了不同所有制企业参与投标的隐性壁垒。一些地方构建长效机制，持续深化标本兼治。比如，浙江、江西、陕西等地方加快推进电子招投标，压缩违法违规空间；福建等地方建立招投标法规文件制定会商机制，加强部门协调和审核把关；云南等地方积极探索招投标智慧监管，运用大数据开展分析预警；上海、安徽、河南、贵州等地方加强信用管理，引导市场主体强化自我约束，等等。

（四）加大反垄断执法力度，有效预防和制止市场经济活动中的垄断行为

《反垄断法》实施以来，反垄断执法机构砥砺奋进、担当作

为，截至2019年底，共查处垄断协议案件183件，累计罚款金额超过44.7亿元；查处滥用市场支配地位案件62件，累计罚款金额超过69亿元；查处滥用行政权力排除限制竞争案件235件；审结经营者集中案件2 998件，其中禁止2件，附加限制性条件批准45件，无条件批准2 951件，审结交易总金额超过50万亿元，对48起经营者集中未依法申报案件和3起违反公告义务案件作出行政处罚。

有效保护市场主体之间公平竞争。查处高通公司滥用市场支配地位案、利乐公司滥用市场支配地位案、浙江保险行业垄断协议案、安徽信雅达等三家密码器企业垄断协议案等一系列重大典型案件。依法禁止可口可乐收购汇源，马士基、地中海和达飞设立网络中心等经营者集中案件，附条件批准“陶氏化学和杜邦合并”等重大经营者集中案件，保护了市场公平竞争，为企业健康发展创造良好条件。坚决维护全国统一大市场。

切实加大对滥用行政权力排除、限制竞争行为执法力度。集中查处新建住宅小区居民供配电设施建设、药品招投标、交通运输等领域存在的滥用行政权力排除、限制竞争行为，对内蒙古公安厅、北京交管局等行政机关滥用行政权力排除、限制竞争行为提出执法建议，对港口等行业和领域集中开展反垄断调查，督促有关企业开放市场，打破长期存在的市场壁垒，促进市场竞争，提高经济运行效率。

切实维护消费者利益。始终坚持以人民为中心的发展思想，把民生问题作为反垄断执法的重点领域，将消费者利益作为反垄断执法的出发点和落脚点。集中开展原料药、建材等领域反垄断执法，深入推进燃气、供水、供电等公用事业领域垄断行为专项整治，严厉查处汽车、医疗器械、乳粉等关系人民群众切身利益领域的垄断案件，切实保障消费者的自由选择权和公平交易权，着力增强人民群众的获得感、幸福感和安全感。

三、切实提高监管规则公开透明度

合适的监管制度是处理政府与市场关系、化解行政执法冲突、促进竞争公平的重要手段和根本约束。如果监管规则和标准秘而不宣，市场主体就会无所适从；如果标准制订得不合理、不科学，市场主体做不到，就会“绕着走”，市场竞争就可能无序。

市场经济体制下，市场主体良性发展需要一个竞争中性的营商环境，需要完善的市场审查和监管制度。这就要求各部门、各地方要强化监管规则公开透明，在制定涉企政策时充分听取市场主体、行业协会商会的意见，提高决策的科学性、合理性，并为市场主体预留调整适应期限。

《优化营商环境条例》第六十二条规定，制定与市场主体生产经营活动密切相关的行政法规、规章、行政规范性文件，应当按照国务院的规定，充分听取市场主体、行业协会商会的意见。除依法需要保密外，制定与市场主体生产经营活动密切相关的行政法规、规章、行政规范性文件，应当通过报纸、网络等向社会公开征求意见，并建立健全意见采纳情况反馈机制。向社会公开征求意见的期限一般不少于30日。

国家发展改革委落实党中央、国务院要求，在制定实施涉企政策时，严格履行法定程序，强化政策统筹衔接，坚决杜绝因政策叠加或者相互不协调对市场主体正常生产经营活动造成不利影响。

强化涉企政策沟通衔接。2019年，《国家发展改革委关于建立健全企业家参与涉企政策制定机制的实施意见》印发，要求在研究制定和实施涉企政策过程中充分听取企业家意见建议，增强涉企政策科学性规范性协同性，营造稳定透明可预期的政策环境，推动政策落地落细落实。把推动企业家参与涉企政策制定，作为推进亲清新型政商关系建设的重要切入点，进一步激发和保护企业家精神，创造条件促进广大企业家在推动高质量发展中发挥更大作用。

强化各类法律文件宣传解读。《优化营商环境条例》《政府投资条例》《企业投资项目核准和备案管理条例》等法律法规或政策文件出台后，国家发展改革委迅速以新闻发布会、媒体通气会、答记者问、巡回宣讲等方式开展宣传解读，及时回应市场主体关切，引导市场预期，提振市场信心，帮助各类企业准确理解和掌握法律法规的规定，依法合规开展生产经营，公平享受政策红利。

强化涉企政策法规平等落实。《国家发展改革委关于强化政策落实推进公正监管为民营经济健康发展营造良好环境的实施意见》印发，针对涉企政策落实不到位、事中事后监管中区别对待不同所有制企业、民营企业面临许多显性或隐性门槛等问题，有针对性地提出四方面 14 项举措，按照一视同仁原则，着力深化涉企政策执行，坚决防止超越法定权限或者违反法定程序实施监管，杜绝滥用自由裁量权、选择性执法或“一刀切”执法等情况，优化对企服务，创新监管机制，保障民营企业合法权益。

四、下大力气解决执法不严格、不规范、不文明、不透明问题

行政执法是行政机关履行政府职能、管理经济社会事务的重要方式。

近年来，各地区、各部门不断加强行政执法规范化建设，执法能力和水平有了较大提高，但执法中不严格、不规范、不文明、不透明等问题仍然较为突出，人民群众对执法乱作为、不作为以及司法不公的意见比较集中。

党的十九大报告指出，推进依法行政，严格规范公正文明执法。2019 年《政府工作报告》要求，深化综合行政执法改革，清理规范行政处罚事项，坚决治理多头检查、重复检查。对监管者也要强监管、立规矩，决不允许搞选择性执法、任性执法，决不允许

刁难企业和群众。

各地方、各部门贯彻落实党中央、国务院决策部署，加快推进监管执法透明规范、合法公正。

（一）规范执法行为，强化企业权益保障

各地方、各部门坚持权责法定、依法行政，推进事中事后监管法治化、制度化、规范化。聚焦行政执法的源头、过程、结果等关键环节，在行政许可、行政检查、行政处罚、行政强制和行政征收等执法工作中全面推行行政执法公示制度、执法全过程记录制度、重大执法决定法制审核制度，着力解决涉企现场检查事项多、频次高、随意检查等问题。

国家发展改革委按照党中央、国务院统一部署，严格落实行政执法公示、执法全过程记录、重大执法决定法制审核制度，先后印发《全面推行行政执法公示制度执法全过程记录制度重大执法决定法制审核制度的实施方案》《行政执法公示暂行办法》《行政执法全过程记录暂行办法》，修订发布《国家发展改革委主动公开基本目录》，不断完善重大行政执法决定法制审核机制，加快形成了覆盖行政执法全过程、各环节的执法制度规则体系，实现行政执法信息及时准确公示、行政执法全过程留痕和可回溯管理、重大行政执法决定法制审核全覆盖，依法保障市场主体和人民群众的知情权、参与权、表达权、监督权，推动执法监管透明、规范、合法、公正。

» 案例 3-4

国家发展改革委部署开展行政执法“三项制度”示范创建活动

为指导发展改革系统更好贯彻落实《国务院办公厅关于全面推行行政执法公示制度执法全过程记录制度重大执法决定法制审核制度的指导意见》，提高行政执法规范化水平，2019 年 3 月，国家发展改革委专门印发通知，部署在天津、安徽、贵州、大连、厦门等地方发展改革部门开展行政执法公示制度、执法全过程记录制度、重大执法决定法制审核制度（统称“三项制度”）示范创建活动。示范创建活动开展以来，各地方在健全执法制度、规范执法程序、创新执法方式等方面形成一批经验做法和制度成果，取得了引领带动发展改革系统更好推行行政执法“三项制度”的良好成效。

（二）推行服务型执法，最大限度减少对市场主体的影响

各地方、各部门贯彻《优化营商环境条例》要求，秉持服务型执法理念，坚持寓管理于服务之中，大力推广运用说服教育、劝导

示范、行政指导等非强制性手段。对于采用非强制性手段能够达到行政管理目的的，不再实施行政强制。

上海市、湖北省、广东省佛山市等地发布轻微违法违规经营行为容错或免罚清单，属于列入清单的轻微违法行为，对没有造成严重后果、主动纠正违法行为的市场主体，免予实施行政处罚。山东省济南市推行行政处罚“四张清单”，涉及658项处罚事项，包括不予处罚事项142项，减轻处罚事项126项，从轻处罚事项202项，从重处罚事项188项目，推进包容审慎精准监管。

新冠肺炎疫情发生后，国家发展改革委迅即印发《关于积极应对疫情 创新做好招投标工作保障经济平稳运行的通知》，协调全国公共资源交易平台加强对交易市场的动态监测和应急值守，做好疫情期间交易信息汇集、发布和共享服务。通过国家政务服务平台和“互联网+监管”系统，为各地交易平台开通新冠肺炎确诊病例、疑似病例、可能密切接触者数据共享和查询服务。

（三）优化法律服务，引导企业主动遵守市场规则

落实《优化营商环境条例》全面提升公共法律服务能力和水平有关要求，各地方、各部门以群众需求为导向，深化法治宣传教育，加大法治公共服务力度，积极组建公共法律服务团，实施“公共法律服务惠民工程”，帮助各类市场主体特别是民营企业、小微

企业、科创企业开展“法治体检”，协助起草、审查企业章程，制定管理制度，提示法律风险，引导市场主体合法经营、依法维护自身合法权益。

国家发展改革委认真落实国家机关“谁执法谁普法”的普法责任制，编制印发《全国发展改革系统开展法治宣传教育的第七个五年规划（2016—2020年）》，部署在行政审批、行政执法、行政复议和应诉、信息公开、信访工作实践中，开展以案释法和警示教育，推行说理式执法，大力宣传相关法律法规，引导群众依法表达诉求、维护权利，使行政执法、案件审理和纠纷调解的过程成为向社会弘扬法治精神的过程，不断增强市场主体法治意识，帮助市场主体正确识别、防范法律风险，引导市场主体自觉维护公平竞争的市场秩序。

新冠肺炎疫情发生后，国家发展改革委迅速组织开展“疫情防控 法治同行”普法宣传活动。编制印发《新型冠状病毒感染的肺炎疫情防控相关法律法规汇编》，收录法律法规规章、司法解释、应急预案、国际条约和法律知识问答，推动有关方面在法治轨道上推进疫情防控各项工作。在国家发展改革委门户网站开设“法治同行”专栏，集中各地方发展改革委依法推进疫情防控工作动态，引导市场主体遵守疫情防控有关要求。

第四节

政务服务优化创新，惠企便民效率和水平大幅提高

政务服务涉及各类市场主体和千家万户，与群众、企业打交道最多，是优化营商环境的重要内容。习近平总书记强调，要坚持以人为本、执政为民，接地气、通下情，想群众之所想，急群众之所急，解群众之所忧，在服务中实施管理，在管理中实现服务。

党中央、国务院对提供公平可及、优质高效的政务服务作出明确部署，要求切实增强服务意识，大力提升政务服务效率，有效增加公共服务供给，实实在在为企业和群众排忧解难。

党的十八大以来，各地方、各部门认真贯彻党中央、国务院决策部署，切实践行以人民为中心的发展思想，聚焦企业和群众反映突出的“门难进、脸难看、话难听、事难办”等问题，着力创新政

务服务提供方式，探索了许多行之有效的措施办法，在方便企业和群众办事创业，有效降低制度性交易成本，加快转变政府职能和工作作风，提升政府治理能力和水平等方面取得了明显成效。

国家发展改革委在国务院部门中率先建立政务服务大厅，配合国办电子政务办统筹推进政务信息系统整合共享，会同有关部门深化公共资源交易平台整合共享，通过打破信息壁垒、汇聚政务信息、优化服务流程，进一步提升服务效能，增强企业和群众获得感。

一、建成运行全国一体化在线政务服务平台，全面推进"一网通办"

习近平总书记指出，加快推进电子政务，构建全流程一体化在线服务平台，更好解决企业和群众反映强烈的办事难、办事慢、办事繁的问题。[1]

长期以来，政务服务平台存在建设管理分散、办事系统繁杂、事项标准不一、数据共享不畅、业务协同不足等问题，政务服务整体效能不强，办事难、办事慢、办事繁的问题仍不同程度存在，制约了营商环境持续优化改善。

各地方、各部门认真贯彻党中央、国务院决策部署，加快建设

[1]《习近平在全国网络安全和信息化工作会议上强调 敏锐抓住信息化发展历史机遇 自主创新推进网络强国建设》，《人民日报》2018 年 4 月 22 日。

地方和部门政务服务平台，一些地方和部门依托平台创新政务服务模式，“只进一扇门”“最多跑一次”“不见面审批”等改革措施不断涌现，政务服务平台成为提升政务服务水平的重要支撑，对深化“放管服”改革、优化营商环境、便利企业和群众办事创业发挥了重要作用。

2018 年 7 月，《国务院关于加快推进全国一体化在线政务服务平台建设的指导意见》印发，部署加快推进全国一体化在线政务服务平台建设，全面提升政务服务规范化、便利化水平，为企业和群众提供全流程一体化在线服务。2019 年，全国 31 个省（区、市）和新疆生产建设兵团、40 余个国务院部门建成政务服务平台。2019 年 11 月，国家政务服务平台整体上线试运行，联通 32 个地区和 46 个国务院部门，对外提供国务院部门 1 142 项和地方政府 358 万项在线服务。截至 2019 年 12 月，32 个省级网上政务服务平台的个人用户注册数量达 2.39 亿人，较 2018 年底增加 7 300 万人；其中，实名注册个人用户达 2.21 亿人，占比为 92.5%，较 2018 年底增加 7 600 万人。

各地方积极推进数字政府建设，让信息多跑路、群众少跑腿，极大地提高了行政审批效率，方便了企业和群众。北京市针对企业和群众办事不便、跑动次数多、申报材料多等问题，加大政务科技应用力度，以“首都之窗”网站作为总门户，推行“指尖行动”，打造微信、支付宝、百度小程序等触手可及的移动端政务服务，市区两级政务服务“网上办”事项由 2019 年的 90% 提高至 2020 年的 97%，“掌上办”事项由 600 项提高到 650 项以上。上海市创新推出政务服务移动端 App“随申办”，打造指尖上的政务大厅，43 个部门共 1 347 项事项已接入总门户，其中 90% 的事项实现“最多跑一次”、28% 的事项实现了“零上门”。重庆市构建“渝快办”全市一体化政务服务平台，审批服务事项进驻实现全覆盖，累计办理事项 7 200 万件，947 项高频事项“掌上可办”。深化线下“一窗综办、集成服务”，着力减环节、减时间、减材料、减跑动，企业和群众办事所需材料平均减少 30% 以上，承诺时限平均压缩 50% 以上。

二、“大平台、大数据、大系统”推动政务数据开放共享

政务信息系统中长期存在“各自为政、条块分割、烟囱林立、信息孤岛”问题，数据共享缺乏深度广度，企业获取信息难、提交信息繁，也造成了“办证多、办事难”“奇葩证明、循环证明”“冤枉路、跑断腿”等“难点、痛点、堵点”问题。

为此，2016 年《政府工作报告》明确提出，大力推进“互联网 + 政务服务”，实现部门间数据共享，让居民和企业少跑腿、好办事、不添堵。

2016 年 4 月，国家发展改革委贯彻落实党中央、国务院决策部署，会同财政部、教育部、公安部、民政部等部门起草并报请国务院印发了《推进“互联网 + 政务服务”开展信息惠民试点实施方案》，提出以解决当前体制机制和传统环境下政务服务的突出难题

为核心，以推动跨部门、跨区域、跨层级信息共享为抓手，试点开展“一号一窗一网”服务模式。力求通过两年时间，推进基本公共服务事项 80% 以上可在网上办理，变群众跑腿为信息跑路，变群众来回跑为部门协同办，变被动服务为主动服务。

2017 年 5 月，国务院办公厅印发《政务信息系统整合共享实施方案》，部署统筹推进政务信息系统整合共享，并明确了责任单位、时间表和路线图。2019 年 12 月，国务院办公厅印发《国家政务信息化项目建设管理办法》，明确了政务信息化项目共享的原则要求、保障机制和监督责任，为加快推动政务信息系统互联和公共数据共享提供制度保障。

按照党中央、国务院部署，国家发展改革委配合国办电子政务办统筹推进政务信息系统整合共享，建立国家数据共享交换平台体系，打通国务院部门建设的 42 个垂直信息系统和 694 个数据项，初步实现了 71 个部门、32 个地方的“网络通”，16 个重点领域的“数据通”“业务通”。同时，国家发展改革委联合新华社、中国政府网开展了“群众办事百项堵点疏解行动”，推动有效疏解 100 项群众反映强烈的堵点问题，进一步方便企业和群众办事。

各地方以数据共享加强业务协同，主动减免办事材料，优化服务流程，提升公共服务均等化、普惠化、便捷化水平。山东省通过国省两地数据共享平台对接国家发展改革委、税务总局、市场监管总局的信用、纳税、工商登记等信息，让金融机构主动牵手中小微企业，提供融资服务支持。河南省通过数据共享，优化企业登记流程，实现了全流程无纸化网上办理，提升了企业获得感。

三、深入实施“马上办、就近办、网上办、一次办”

2013 年 7 月，习近平总书记在武汉主持召开湖北省领导干部座谈会时指出：“武汉‘市民之家’很恢弘、很宽敞。为老百姓服务的场所、便民便利的场所搞得好一点，我看着心里舒服。如果是‘官衙’搞得富丽堂皇，我看着不舒服。”[1]

民之所望，改革所向。以武汉“市民之家”为代表的各类政务服务大厅，正是各地方、各部门探索优化政务服务、加快推进政务服务“一网通办”、企业群众办事“只进一扇门”“最多跑一次”的生动缩影。

» 专栏 3-8

全国综合性实体政务大厅总体情况

根据国务院办公厅政府信息与政务公开办公室发布的《全国综合性实体政务大厅普查报告》，2017 年，全国范

[1] 习近平．为老百姓服务的场所搞得好一点，我看着心里舒服［EB/OL］.（2013-07-23）［2020-07-06］.http：//politics.people.com.cn/n/2013/0723/c1024-22293780.html.

围内以政务大厅为主体的全国政务服务体系初步形成，全国县级以上地方各级人民政府共设立政务大厅3 058个，乡镇（街道）共设立便民服务中心38 513个，覆盖率分别为94.3%和96.8%。2016年全国政务大厅总办件量达6.02亿件。89.4%的政务大厅推行“两集中、两到位”改革，走向“一站式”审批服务。各地政务大厅共优化服务事项17.3万项，大厅办理量居前5位的事项累计减少办事材料34 409份，平均每个事项减少14份，减少幅度达60.2%。

各地方、各部门聚焦企业和群众反映突出的办事难、办事慢、多头跑、来回跑等问题，围绕直接面向企业和群众、依申请办理的行政审批和公共服务事项，以更快更好方便企业和群众办事创业为导向，推动审批服务理念、制度、作风全方位深层次变革，加快推进政务服务“一网通办”和企业群众办事“只进一扇门”“最多跑一次”。

实体政务服务大厅已经成为“放管服”改革各项政策落地的直接载体和“前沿阵地”，推动各类政务服务事项向大厅集中，加快推行“前台综合受理、后台分类审批、综合窗口出件”。地方基层政务服务大厅作为城乡居民办事的主要渠道，全国地市一级80%以上的办件量发生在政务大厅，西部地区更是高达90%以上。

2018年，武汉市在行政审批方面创造了“马上办、网上办、一次办”改革全国经验，市区两级2 563项审批服务事项中，57%的事项实现“马上办”，76%的事项实现“网上办”，83%的事项实现“一次办”。深圳市推出“深港通注册易”“深澳通注册易”，实现“足不出港澳”一站式注册深圳企业。

》案例 3-5

月坛南街38号的变化：国家发展改革委政务大厅开门运行

国家发展改革委政务服务大厅于2015年1月1日正式开门运行以来，坚决贯彻落实党中央、国务院关于“放管服”改革部署和要求，在部门和地方的帮助支持下，始终秉持“阳光审批、政务公开、主动服务”的工作宗旨，以“改革之窗、创新之窗、服务之窗”为创建目标，勤勉履行“信息公开、行政审批、业务咨询”职责，充分发挥“统一接收、统一答复、进展告知、过程督办”作用，积极探索、不断创新，实现了权责事项全覆盖、服务指引全方位、网上审批全流程、业务办理零超时、服务对象零投诉、大厅运行零事故，树立了良好的窗口形象。

2016年9月，国家行政学院将大厅遴选为“深化‘放管服’改革”现场教学基地。2016年10月，全国行政审批标准化工作组将大厅树立为标杆典型。2017年3月，共青团中央将大厅团队命名为“全国青年文明号”。2017年10月，大厅被列为政务信息系统整合共享应用试点单位。国家发展改革委政务服务大厅已成为全委深入推进“放管服”改革的重要载体，成为推动转变职能、转变作风、提升效能的有力抓手。

四、深化公共资源交易平台整合共享

公共资源交易平台连接供需两端，是各类市场主体获得项目、进入市场的重要途径，是检验政府治理是否公开透明、市场机制是否高效便捷的重要标志。

一段时间以来，各类公共资源交易散落在各级政府、各个行业的不同平台，各类平台职责定位不清晰、交易规则不统一，有的甚至成为地区封锁和行业保护的工具，大大增加了企业参与交易难度和成本，影响了资源配置质量和效率。为此，2015年，国务院办公厅印发《整合建立统一的公共资源交易平台工作方案》，2019年，国务院办公厅转发国家发展改革委《关于深化公共资源交易平台整合共享的指导意见》，要求加快构筑统一的公共资源交易平台体系，深化平台整合共享，提高公共资源配置效率和公平性，提升公共资源交易服务质量，创新公共资源交易监管体制机制，促进公共资源交易市场健康有序发展。

落实党中央、国务院决策部署，国家发展改革委切实履行牵头指导协调职责，推进工程建设项目招标投标、政府采购、国有土地使用权和矿业权出让、国有产权交易等公共资源纳入统一平台进行交易，全国范围内规则统一、公开透明、服务高效、监督规范的平台体系初步构建，公共资源交易市场从分散到集中、规则从分立到统一、信息从分割到共享、系统从分设到联通的新格局初步形成。据统计，全国每年进入平台的公共资源交易中标（成交）项目数约为 100 万个，交易规模约为 17 万亿元，中标（成交）市场主体约 40 万家。

全国公共资源交易平台依托国家电子政务外网和数据交换平台，以全国统一的数据规范为基础，横向对接财政部、自然资源部、国资委等部门，以及中国政府网、国家政务服务平台、全国信用信息共享平台、全国投资项目在线审批监管平台、中国招标投标公共服务平台 5 个国家级信息平台；纵向联通全国 31 个省（区、市）及新疆生产建设兵团等省级平台，已成为全国公共资源交易数据共享的枢纽、信息发布的门户和强化监管的依托。通过全国公共资源交易平台互联共享体系，市场主体不必多头登录不同地方、不同行业的平台系统，通过全国平台就可以随时随地快捷获取公共资源交易信息，为企业参与交易减少了检索成本、跑腿次数和办理时间，激发和释放了市场活力。

» 案例 3-6

湖北：疫情期间创新开展跨省域远程异地评标助力重大建设项目开工复工

2020年3月19日，7名评标专家分别在湖北十堰、广东佛山、安徽淮南、四川达州4省4地同时对东风小康汽车有限公司十堰基地迁建项目开展远程异地评标，标志着湖北省与全国8省（级）12市（级）公共资源交易平台跨省域合作正式启动，有力支撑了重大建设项目开工复工。

作为疫情特别严重的地区，湖北省针对本地专家因疫情无法现场评标的实际问题，主动联系各兄弟省市交易平台，提出远程评标对口支援需求。广东、江苏、山东等8个省级平台，以及大连、吉林、南京、长沙等12个市级平台积极响应，与有关行政监管部门沟通协调，共享场地资源、专家资源。

远程异地评标以湖北省项目所在地的公共资源交易平台为主场，对口提供评标专家资源和评标场所的异地平台为客场，跨省域共享评标专家资源和场所资源，实现了以电子交易的信息流，带动人流、物流、资金流等生产要素有序流动，对于推动重大项目尽快开工复工发挥了积极作用。同时，对于在全国层面推进公共资源交易平台跨省域合作，促进要素资源高效配置，实现全流程透明化管理，具有重要示范意义。

电子招标投标加快推进，交易全流程电子化稳步实施，招标投标服务效能持续提升。国家发展改革委会同有关部门印发实施《“互联网+”招标采购行动方案（2017—2019年）》，大力发展电子化招标采购，促进招标采购与互联网深度融合。覆盖31个省（区、市）和新疆生产建设兵团以及24个主要行业，分类清晰、功能互补、互联互通、覆盖全国的电子招标投标系统网络初步形成。各平台对在线投标、在线开标、电子评标、远程异地评标、电子保函、在线签约、智慧监管等进行了积极探索，越来越多的地方和企业实现了电子招标投标常态化运行，在打破时空限制、增强竞争程度、提高采购效率、节约采购成本、丰富监管手段、提高监管效果以及挖掘信息价值、助力宏观决策等方面发挥着越来越重要的作用。

各地在深化平台整合共享基础上，进一步提升系统功能、深入挖掘数据价值。“不见面”开标、手机 App、微信小程序、大数据分析已经逐步成为许多地方平台系统的“标配”。

五、政务服务绩效由企业和群众来评判

群众和企业满意不满意，实践效果如何，是检验政务服务成效的根本标准。实践中，一些政务服务平台基本还是传统的运作逻辑，一厢情愿的内容比较多，不考虑群众是不是需要、愿不愿意看，对群众关心的社会热点难点问题不及时回应，调查处置结果该公开的不及时公开，影响了人民群众和市场主体的体验度和获得感。

在总结提炼地方实践的基础上，2019 年 12 月，《国务院办公厅关于建立政务服务“好差评”制度提高政务服务水平的意见》印发，建立政务服务绩效由企业和群众评判的“好差评”制度，推动各级政府增强服务意识，转变工作作风，夯实服务责任，为企业和群众提供全面规范、公开公平、便捷高效的政务服务，提升企业和群众办事便利度和获得感。

上海市政务服务“好差评”实现线上线下全覆盖，在线上的“一网通办”总门户、“随申办”客户端，所有办理事项设置了“好差评”标识。在全市线下的 1 600 多个实体窗口近 2 万个工位，均印上了“好差评”二维码，用户扫码就能评价，还能就具体服务事项发表意见。甘肃省在全面推行“好差评”评价机制的基础上，安

排专人定期随机抽取部分办事群众和企业进行电话回访，重点就甘肃政务服务网事项办理情况、窗口工作人员服务态度、办理时限、是否存在吃拿卡要及乱收费情形等重点事项进行详细询问。针对群众反映的高频问题，积极采取针对性措施进行改进，不断提升群众办事满意度和体验度。

第五节

有序推进中国营商环境评价，带动全国范围营商环境持续提升

习近平总书记指出，要改善投资和市场环境，加快对外开放步伐，降低市场运行成本，营造稳定公平透明、可预期的营商环境。[1] 我国已经有较强的生产能力和综合配套能力，基础设施也比较完善，这是我们的“硬环境”优势。同时也要看到，发展的“软环境”还是短板，让群众和企业办事创业便利，还需要下更大功夫；让营商环境更有吸引力、真正成为国际一流营商环境，还需要加力提升。优化营商环境始终坚持由人民群众评判，把人民群众满意作

[1]《习近平主持召开中央财经领导小组第十六次会议强调 营造稳定公平透明的营商环境 加快建设开放型经济新体制》，《人民日报》2017 年 7 月 18 日。

为检验营商环境的第一标准。以什么为标准、用什么来衡量，实质是对谁负责、让谁满意的问题。群众意见是一把最好的尺子，最能衡量优化营商环境的长短优劣。2018 年 7 月，国务院成立推进政府职能转变和“放管服”改革协调小组（以下简称协调小组），下设优化营商环境专题组。国家发展改革委作为组长单位，负责牵头优化营商环境，建立健全营商环境评价机制，逐步在全国推行。按照协调小组分工安排，国家发展改革委会同有关部门，在全国范围逐步推开营商环境评价，以企业和群众满意为标准，系统检验各地营商环境是否有所优化、群众办事是否更加便利、发展环境是否改善，真正让市场主体和人民群众成为改革的监督者、推动者、受益者。

一、以市场主体和社会公众满意度为导向，构建中国营商环境评价体系

2018 年以来，国家发展改革委系统梳理分析世界银行、世界经济论坛等国际评级机构开展营商环境评价的方法及体系，广泛征求有关部门、地方政府、市场主体，以及研究机构、行业协会商会、外国驻华商会的意见，多方了解营商环境痛点难点堵点，以深化“放管服”改革为抓手，坚持中国特色、国际可比原则，建立了以市场主体和社会公众满意度为导向的中国营商环境评价体系。

（一）中国营商环境评价体系紧扣营商环境重点领域和“放管服”改革要求

在全国开展营商环境评价，宏观目标是建立简单易行、指向明确的营商环境评价指标体系，围绕办理环节简化、申报材料压减、办事时间压缩、经营成本下降、项目审批提速、群众办事方便等营商环境重点领域，对标国内国际前沿水平查找不足，引导地方形成优化营商环境的良性竞争。具体目标是助推改革深化，为促进政府有关部门提高监管质量和服务效率，提供“好抓手”；促进合理竞争，为地方政府切实营造宽松且有效率的营商环境，提供“指挥棒”；服务引导企业，为引导企业和投资者向具有法治化、国际化、便利化营商环境的城市集聚，提供“风向标”。

基于上述考虑，中国营商环境评价体系贯穿“放管服”改革要求，把解决市场和企业反映强烈的突出问题作为评价的重要内容，在评价中找出制约影响市场主体创新创业的制度性障碍及深层次问题，将党中央、国务院近年来出台的关于深化“放管服”改革、优化营商环境的政策文件精神和重要改革举措纳入评价。开展评价就是对各地落实党中央、国务院决策部署情况的一次全面检验，不仅看有没有优化营商环境的硬举措，还要看做没做，做得效果怎么样，真正推动党中央、国务院重要决策部署落地见效。

（二）中国营商环境评价体系紧扣市场主体和社会公众满意度

世界银行《营商环境报告》通过比较不同经济体在不同时期的商业监管环境，鼓励各经济体为提高监管效率、营造一流营商环境展开竞争，与我国深化“放管服”改革的要求相契合。世界银行《营商环境报告》侧重从法制、成本、便利（环节、时间）三个视角对经济体的营商环境进行评估，设置开办企业、办理建筑许可、获得电力、登记财产、获得信贷、保护中小投资者、纳税、跨境贸易、执行合同、办理破产、劳动力市场监管、政府采购等12项指标。

中国营商环境评价指标体系对标世界银行《营商环境报告》，聚焦市场主体和社会公众关切的政府审批流程、时间效率、办事便利度等，全面评估中小企业获得感。在保留和丰富国际通行的评价指标基础上，融入了中国改革的时代要求和中国特色，既借鉴世界银行指标，又剔除了与中国国情明显不符的内容，并增加了符合中国国情的评价指标，更全面回应企业发展全过程诉求和关切。

（三）中国营商环境评价体系紧扣投资吸引力和城市高质量发展

世界经济论坛《全球竞争力报告》侧重对各个国家进行综合因素考评，设置制度、基础设施、信息通信技术应用、宏观经济稳定性、健康、技能教育、市场、劳动力市场、金融系统、市场规模、商业活力、创新能力等 12 项评估指标。

中国营商环境评价指标体系对标世界经济论坛《全球竞争力报告》，聚焦企业高度关注的“互联网 + 政务服务”、公正监管、创新创业活力、宜居宜业环境等，为发展更高层次的开放型经济提供标尺。考虑到城市高质量发展基本面和水平直接关系投资吸引力，中国营商环境评价指标体系设置政务服务、知识产权保护、市场监管、包容普惠创新等 4 个中国特色指标，更加准确完整反映各地方营商环境优劣。

二、在 22 个城市开展营商环境试评价，改革成效明显

为验证中国营商环境评价指标体系，探索评价方法，积累评价经验，2018 年，国家发展改革委按照“放管服”改革成效明显、市场化程度较高的原则，在东、中、西部和东北地区选择 22 个城市分两批进行试评价，验证评价体系、探索评价方法、积累评价经验。

首批在北京市、上海市、福建省厦门市、广东省深圳市、湖北省武汉市、辽宁省沈阳市、四川省成都市、浙江省杭州市、甘肃省兰州市、辽宁省葫芦岛市、浙江省衢州市、陕西省延安市等 12 个城市进行试评价，根据试评价地方反馈的意见，对指标进行了调试修正。

第二批在天津市、重庆市、山东省青岛市、广东省广州市、江

苏省南京市、安徽省合肥市、贵州省贵阳市、湖北省襄阳市、海南省三亚市、浙江省义乌市等10个城市进行试评价，核验调整修改后的评价指标。

通过开展中国营商环境试评价工作，及时发现了我国各地营商环境中存在的实际问题，在营商环境评价体系顶层设计的基础上，围绕政府工作报告中提出的改革目标，从试评价案例城市的营商环境调查中，深入分析营商环境评价指标体系、调查问卷及调查方式的适用性、公平性和有效性，为在全国推开营商环境评价积累经验、检验方法、奠定基础。

三、在41个城市开展中国营商环境评价，发挥评价对优化营商环境的引领和督促作用

在总结2018年营商环境试评价工作的基础上，国家发展改革委进一步完善中国营商环境评价指标体系和评价机制，2019年在直辖市、计划单列市、部分省会城市、地县级市等41个城市开展营商环境评价，以市场主体感受为依据，以评促改、以评促优，推动营商环境持续改善。评价中，坚持以市场主体期待和诉求为导向，以深化“放管服”改革为抓手，遵循“市场化、法治化、国际化、便利化”的目标导向，突出评价体系和评价机制的公平性、客观性、创新性，精准衡量地方政府实施利企便民惠民改革举措有关成效，客观评价各地改革实际效果，准确查找办事创业痛点难点堵

点，推动地方流程再造、效能提高，出台更有针对性的改革举措，提升企业和群众获得感。

随着中国营商环境评价稳步推进，地方政府为人民服务的宗旨意识进一步增强。各地对优化营商环境工作更加重视，各级领导干部和工作人员学习领会“放管服”改革政策文件精神的自觉性和主动性大大加强，上下联动、部门协同、社会参与、齐抓共管的工作格局正在加速形成，更多惠企便民的政策措施加快出台落地，全国范围营商环境持续改善。

四、在东北地区 21 个城市开展试评价，推动东北地区优化营商环境取得更大成效

2018 年 9 月，习近平总书记在主持召开深入推进东北振兴座谈会时指出，要以优化营商环境为基础，全面深化改革。要多方面采取措施，创造拴心留人的条件，让各类人才安心、安身、安业。[1]

优化营商环境是提升东北地区投资吸引力、增强发展动力的重要抓手，是从根本上解决制约高质量发展的体制机制问题，促进全面振兴、全方位振兴的迫切需要。2019 年 8 月以来，国家发展改革委落实党中央、国务院决策部署，率先在东北地区 21 个城市开

[1]《习近平在东北三省考察并主持召开深入推进东北振兴座谈会时强调 解放思想锐意进取深化改革破解矛盾 以新气象新担当新作为推进东北振兴》，《人民日报》2018 年 9 月 29 日。

展试评价。通过试评价工作，深刻检视东北营商环境现状和问题，因地制宜、因城施策，精准制定改革措施，推动东北在简政放权上迈出更大步伐，推动营商环境不断优化改善。

试评价过程中，东北地区城市主动学习先进地区改革经验做法，通过与东部地区对口合作，复制借鉴并推出了一批针对性强的改革举措，营商环境改善明显。

实践证明，东北地区营商环境试评价有力推动了东北地区各级政府加快转变观念，从企业和群众最不满意的地方改起，自我加压、对标先进，以更大力度深化“放管服”改革，全力营造稳定公平透明、可预期的营商环境，为东北地区实现全面振兴、全方位振兴提供了重要支撑。

五、总结推广典型经验，引导全国范围对标先进优化营商环境

2018年以来，随着中国营商环境评价逐步推进，参评城市对标先进、主动作为，以评促改、以评促优，在法治框架内积极探索出了许多原创性、差异化的优化营商环境具体措施，持续贡献了创新做法和鲜活经验，为推动全国层面改革积累了经验，为各地学习借鉴提供了参考。

为及时总结推广优化营商环境的典型经验做法，推动各地区、各部门加快转变政府管理理念和方式，深化“放管服”改革，国家

发展改革委作为协调小组优化营商环境专题组组长单位，牵头建立优化营商环境简报制度，会同有关部门和地方，及时梳理总结各地以评促改、以评促优的经验做法和创新举措，定期向优化营商环境专题组成员单位、各省（区、市）及参评城市印发优化营商环境简报，宣传推广有关地方已经探索成熟的改革经验，推动地方和部门积极借鉴，比学赶超，持续深化改革创新，激发市场主体活力，增强市场主体信心。

2019年9月，国家发展改革委会同京沪两地和有关部门，系统梳理了北京市、上海市在参与世界银行评价中形成的优化营商环境改革举措，起草并推动《国务院办公厅关于做好优化营商环境改革举措复制推广借鉴工作的通知》（以下简称《通知》）印发，提出36项在全国复制推广借鉴的重点改革举措。

» 专栏 3-9

《国务院办公厅关于做好优化营商环境改革举措复制推广借鉴工作的通知》主要举措

在全国复制推广的改革举措13项

❖ 开办企业（5项）：实行开办企业全程网上办，压缩企业设立登记时间，全面推广电子营业执照，优化印章刻制服务，实行社保用工登记“二合一”；

❖ 获得电力（1项）：实行客户用电线上报装；

❖ 登记财产（2项）：提供不动产登记、交易和缴税“一窗受理、并行办理”服务，提供不动产登记信息网上查询和现场自助查询服务；

❖ 缴纳税费（1项）：纳税“最多跑一次”；

❖ 跨境贸易（3项）：推广应用国际贸易“单一窗口”，公开口岸收费目录清单，口岸通关提前申报；

❖ 执行合同（1项）：建立“基本解决执行难”联动机制。

供全国借鉴的改革举措23项

❖ 开办企业（1项）：提供企业档案“容e查”服务；

❖ 办理建筑许可（4项）：优化环境影响评价分类分级管理，实行数字化联合审图，推行工程招投标交易全过程电子化，实行施工许可证全程网上办；

❖ 获得电力（3项）：提供低压小微企业接电“零上门零审批零投资”服务，提供客户接电移动作业终端实时响应服务，实行接电工程双经理负责制；

❖ 登记财产（3项）：推行不动产登记信息和地籍管理信息互联互通，实行不动产登记电子证照协同互认，建立健全不动产登记和土地权籍测绘投诉机制及土地纠纷相关信息公开制度；

❖ 缴纳税费（2 项）：住房公积金缴存业务全程网上办、“通缴通取”，实行纳税人线上“一表申请”“一键报税”；

❖ 跨境贸易（7 项）：实行通关全流程电子化，推行海关内部核批“一步作业”，推行集装箱设备交接单无纸化，实行口岸分类验放，实行跨境贸易大数据监管，优化关税征管全流程服务，同步通关和物流作业；

❖ 执行合同（3 项）：推行法院网上立案与司法数据常态化公开，推行全流程网络化办案，构建诉讼服务平台。

按照《通知》要求，各地区主动对标先进，相互学习借鉴，将优化营商环境改革举措复制推广借鉴工作纳入重点工作，着力推动制度创新，以简审批优服务便利投资兴业、以公正监管促进公平竞争、以改革推动降低涉企收费，下硬功夫打造好发展软环境，持续提升政府服务水平和办事效率，加快建立健全统一开放、竞争有序的现代市场体系，打造市场化、法治化、国际化营商环境，持续释放改革红利，进一步激发了市场主体活力和社会创造力。

第六节

营商环境显著改善，中国成为对各类市场主体最具吸引力的投资目的地

“投资环境就像空气，空气清新才能吸引更多外资。过去，中国吸引外资主要靠优惠政策，现在要更多靠改善投资环境。”[1]2018年4月10日习近平主席在博鳌亚洲论坛2018年年会开幕式上的这则比喻，形象地说明了营商环境的重要性。

党的十八大以来，中国为改善营商环境作出了巨大努力，取得了令人赞许的进步。2019年10月24日，世界银行发布《2020年营商环境报告》，引发各界广泛关注。这份最新的营商环境报告显

[1]《开放共创繁荣 创新引领未来——在博鳌亚洲论坛2018年年会开幕式上的主旨演讲》，《人民日报》2018年4月11日。

示，由于大力推进改革开放，中国营商环境全球排名继 2018 年从 78 位跃至 46 位后，2019 年再度提升至第 31 位，连续两年入列全球优化营商环境改善幅度最大的十大经济体。

在营商环境持续优化改善的积极作用下，中国市场成为最受欢迎的投资热土。

一批对外开放新高地加快形成。

国家级新区作为承担国家重大发展和改革开放战略任务的综合功能区，既是推动我国高质量发展的排头兵、深化改革扩大开放的先行者，更日益成为优化营商环境的示范区。近年来，国家级新区优化营商环境亮点纷呈，河北雄安新区基本建成便捷高效的行政审批服务体系，辽宁大连金普新区首创企业注册微信核名制度，吉林长春新区各级政务（公共）服务中心全部实现“前台综合受理、后台分类审批、统一窗口出证”跨部门、跨层级的综合办事服务新模式，浙江舟山群岛新区除涉密和涉及隐私以外的所有事项均开通网上申报渠道，福建福州新区建立不动产抵押登记“不见面全程网办”新模式，陕西西咸新区发放第一张微信版本电子营业执照，等等。持续优化营商环境为国家级新区经济社会健康发展创造了良好条件。

自由贸易试验区积极发挥先行先试作用，成为我国对外开放的“试验田”。2013 年，上海自由贸易试验区发布我国首张外资准入负面清单。2013 年至 2020 年，历经上海自由贸易试验区版、全国自由贸易试验区版，自由贸易试验区外资准入负面清单中的限制措施由190多条大幅减少至30条，陆续在油气、矿产资源、增值电信、文化等领域进行开放试点。经过7年多探索发展，自由贸易试验区已成为新的外商投资集聚地，自由贸易试验区以不到全国千分之五的国土面积，吸引了全国约14%的外商投资。

长江三角洲区域引领长三角新一轮改革开放。长三角区域一体化发展以投资自由、贸易自由、资金自由、运输自由、人员从业自由等为重点，打造与国际通行规则相衔接、更具国际市场影响力和竞争力的特殊经济功能区。上海已经成为全国高水平开放标杆性城市，是我国内地外资总部机构最多的城市，以不到全国千分之一的土地面积，贡献了全国近十分之一的税收总收入。2018年人均GDP超过2万美元，达到中上等发达国家水平。

» 专栏 3-10

长江三角洲区域合力打造国际一流营商环境部分重要举措

❖ 加快大通关一体化。深化口岸合作，加强协调对接。加快建设具有国际先进水平的国际贸易“单一窗口”。建立进出口商品全流程质量安全溯源管理平台。统筹区域内中欧班列资源。

❖ 共同打造国际一流市场环境。全面对接国际高标准市场规则体系。全面实施外商投资准入前国民待遇加负面清单管理制度，放宽外资准入限制，健全事中事后监管体系。共同加强国际知识产权保护，加大侵权违法行为联合惩治力度，协同开展执法监管。建立健全外商投资企业投诉工作机制。

❖ 完善国际人才引进政策。加大国际人才招引政策支持力度，大力引进海外人才。推动国际人才认定、服务监管部门信息互换互认。总结推广张江国家自主创新示范区国际人才试验区经验。

粤港澳大湾区成为全国扩大高水平开放的探索前沿。粤港澳大湾区加力打造具有全球竞争力的营商环境，发挥香港、澳门开放平台与示范作用，支持珠三角九市加快建立与国际高标准投资与贸易规则相适应的规则制度，推动形成稳定、公平、透明、可预期的一流营商环境。广东持续加强与港澳开放合作，推动粤港澳大湾区开放发展，加快前海、横琴等对港澳合作开放窗口开放步伐，带动辐射泛珠三角区域合作、珠江—西江经济带发展。广东外贸进出口总额连续 2 年稳定在 7 万亿元人民币关口，约占全国四分之一，连续 33 年居全国首位，基本建成了门类较为齐全、配套相对完善的现代产业体系。

>> 专栏 3-11

粤港澳大湾区打造具有全球竞争力的营商环境部分重要举措

❖ 加快转变政府职能，深化“放管服”改革，完善对外资实行准入前国民待遇加负面清单管理模式，深化商事制度改革，加强事中事后监管。

❖ 加强粤港澳司法交流与协作，推动建立共商、共建、共享的多元化纠纷解决机制。完善国际商事纠纷解决机制，建设国际仲裁中心，支持粤港澳仲裁及调解机构交流合作。

❖ 创新“互联网 + 政务服务”模式，加快清理整合分散、独立的政务信息系统，打破“信息孤岛”。探索把具备条件的行业服务管理职能适当交由社会组织承担，建立健全行业协会法人治理结构。

❖ 充分发挥行业协会商会在制定技术标准、规范行业秩序、开拓国际市场、应对贸易摩擦等方面的积极作用。

一批一流营商环境城市脱颖而出。

各地方把优化营商环境作为推动经济社会发展的重要举措，主动作为、探索创新，比学赶超、奋勇争先，涌现出一大批创新做法和鲜活经验，全国形成了争创一流营商环境城市的浓厚氛围。

北京、上海、深圳、广州等城市把优化营商环境作为提升城市竞争力的重要抓手，密集推出改革举措。大连、青岛、宁波、厦门等城市全力打造优化营商环境城市品牌，深入挖掘潜力、激发活力、增强竞争力，提升城市“软实力”。哈尔滨、长春、沈阳、济南、南京、杭州、武汉、成都、西安等城市主动对标国际一流营商环境，在市场准入、政务效率、监管执法、产权保护等重点领域采取系列举措。

北京市2017年在全国率先出台了改革优化营商环境实施方案，推出了26项改革措施和136条政策清单。2018年又精准制定“9+N”系列政策措施，聚力营商环境示范工程建设，在开办企业、办理建筑许可等方面的改革取得突破性进展。2019年，北京持续深入实施优化营商环境298项政策，优化完善“e窗通”网上企业开办平台，努力在各领域实现“一网通办”，提高各领域服务水平，打造“六个统一”（统一的信用信息平台、统一联通的线上线下政务服务大厅、统一的企业服务和重大项目平台、统一的企业法人服务卡、统一的投资项目代码、统一的政务服务标准规范）的智慧型政务服务体系。

上海市印发实施优化营商环境专项行动方案，对标国际营商环境建设指标体系，在开办企业、办理施工许可、获得电力、财产登记、跨境贸易、纳税、获得信贷等7个方面做了具体细化，在财产登记、跨境贸易、保护少数投资者等方面的改革成效明显，部分领域营商环境指标达到国际公认的先进水平。

广东省深圳市把建设国际一流营商环境改革创新实验区作为首要目标，从贸易投资环境、产业发展环境、人才发展环境、政务环境、绿色发展环境和法治环境等6个方面，主动发挥改革先行区示范作用。2019年制定出台“营商环境20条”，推出了20项重大改革举措、125条政策，市场开放度、政府采购、知识产权保护等方面服务水平大幅提升。

江苏省南京市打造“不见面审批”服务品牌，推广“无纸化”服务，全面推行“提前介入、平行推进、垂直衔接、及时转换、全程代办”模式，率先试点“政银”合作，为投资者提供精准、高效、专业的“保姆式”服务。

广东省广州市致力于打造全球企业投资首选地和最佳发展地，通过多次出台优化营商环境改革措施和方案，以企业需求为导向，从税务、用电、建设等全方位进行优化，持续释放改革红利，推动优化营商环境出新出彩。

宁夏回族自治区银川市大力推行“一体式集成审批”，着力破解“准入易经营难”和“项目报建难”两大难题，加快涉税事项全程电子化和常见涉税民生事务“就近办”，推行城镇土地使用税和房产税合并申报，减少纳税次数，切实推动便企利民。

陕西省西安市把“提升营商环境”作为招商引资“一号工程”，瞄准便利化、法治化、国际化，审批最少、流程最短、成本最低、诚信最优、服务最好的“三化五最”目标，出台加强和改善营商环境系列政策文件，相继推出“千名干部助千企”活动、争当“五星级店小二”活动以及定期开展“亲商助企”系列活动，积极营造有利于企业家成长的机制和环境。

山西省太原市积极推进市、县两级马上办、网上办、就近办、一次办清单全覆盖，让办事群众“一单在手、一目了然”。推行开办企业“证、照、税、章”一站式集成服务，新办企业只到一个窗口、交一套资料、最多跑一次。以社会关注、群众关切的企业开办、不动产登记、工程建设项目审批为重点，加快提升政务服务环境，优化投资贸易环境，营造诚信法治环境，升级创新创业环境。

浙江省衢州市作为“最多跑一次”改革先行者，一直把优化营商环境作为改革发展第一攻坚任务。以“最多跑一次”改革为牵引，统筹推动各类“一件事”联办，全力打造“无证明事项之城”“掌上办事之城”“信用示范之城”。

福建省泉州市强化政策统筹，从“点”上聚焦行政审批、公共服务、“互联网＋政务”等“三大服务”，从“线”上构建产权保护、执法监管、社会信用等“三大体系”，从“面”上提升金融创新、引才留才、开放便利等“三大能力”，形成优化营商环境“串点成线、连线成面”的政策体系。

一批有影响力的外资企业落户中国。

在更高水平对外开放政策和良好营商环境的吸引下，中国成为跨国投资的热土。统计显示，2019 年中国累计设立外资企业已经突破 100 万家。

广东省聚焦提高外资吸引力，连续修订出台《进一步扩大对外开放积极利用外资若干政策措施》等系列举措，全方位提升外资营商环境。外商投资企业开办时间压缩至5个工作日以内，推广国际贸易“单一窗口”，将货物通关时间压缩三分之一。栽好梧桐树，引得凤凰来。巴斯夫、埃克森美孚、壳牌，这些跨国巨头纷纷落户广东，2020年4月底埃克森美孚独立投资100亿美元的广东惠州乙烯项目正式开工，5月中旬中海壳牌惠州三期乙烯项目在广州、北京、荷兰海牙三地举行“云签约”仪式，5月底巴斯夫广东新型一体化基地首批装置正式打桩开建，外资企业用实际行动给中国营商环境投出赞成票。

上海市陆家嘴致力于打造营商环境最佳、政府响应最快、效率效能最高的投资最佳地，不断推出新的改革举措和服务措施，强化协同配合、系统集成，完善涵盖工商开办、办公场所寻找、项目申报帮助、业务对接撮合、高端人才发展等多维度、立体化、全方位、全生命周期的企业服务体系。2019年1月，安联（中国）保险控股有限公司在上海正式开业，成为中国首家由外资100%控股的保险集团公司。其亚太区首席执行官、安联（中国）保险控股有限公司总经理表示，我们期待在这具有前瞻性的市场中发挥我们的作用，并最大限度地借助上海所倡导的有利的商业环境加速自身发展。

北京市朝阳CBD针对总部企业再投资、新设业务、新建项目等经营和投资环节，建立健全跨部门联合解决总部企业发展问题的协商机制，通过重点跟踪对接、个性化服务及绿色通道等方式落实好“一对一”精准服务，营造良好营商环境。统计显示，北京市朝阳区聚集跨国公司地区总部117家，占北京市的70%，其中83家总部企业落户CBD。先后有来自12个国家和地区的170余家境外世界五百强企业，选择在朝阳区投资设立外资机构。

在首届中国国际进口博览会上，多家外企对中国政府改善营商环境的努力点赞，并表达了继续深耕中国市场的决心。通用电气（GE）全球高级副总裁、GE中国总裁兼首席执行官表示，该公司继在天津自由贸易试验区投资建造了首个美国以外的智能制造技术中心后，又落成了中国医疗设备再制造中心，这些“从无到有”的变化都得益于优化营商环境的政策红利。渣打银行中国行长、总裁兼副董事长谈道，渣打银行的业务将继续聚焦于既符合中国经济未来发展方向，又能充分发挥自身优势和专长的领域，包括支持“一带一路”建设、粤港澳大湾区、跨境贸易、中小企业等，作为植根中国160年的企业，渣打银行希望在中国再发展160年。

一批优秀民营企业发展壮大。

好的营商环境能够吸引优秀的外来企业，也能让更多本土企业生根发芽、发展壮大。统计显示，我国民营经济贡献了全国50%以上的税收，60%以上的国内生产总值，70%以上的技术创新成果，80%以上的城镇劳动力就业，90%以上的企业数量。随着营商环境的持续改善，民营经济发展步伐继续加快，一大批优秀民营企业发展成为行业龙头。

广东省深圳市将营商环境的优化列为全市“一号改革工程”，在提高商业便利、降低企业负担、加速市场要素自由流动、强化知识产权保护、提升城市法治水平等方面持续加大工作力度，营造公平竞争、自由贸易、共同繁荣的商业环境。营商环境好，企业就能很好地成长壮大。腾讯、华为、大疆等优秀民营企业，都是在深圳市从中小企业一步步发展成为享誉全球的大企业，这是对深圳优异营商环境的最好阐释。

福建省晋江市是一个县级市，属泉州市代管。多年来，晋江市在构建“亲”“清”的政商关系上狠下功夫，政府找准“领路人、推车手、服务员”的角色定位，做到既不“越位”，又不“缺位”“错位”或“不到位”。在这片只有649平方公里的土地上，滋养了境内外上市公司46家。安踏、恒安等一大批知名企业虽然早已走向国际市场，但仍将总部设在晋江。通过优化营商环境，晋江走出了一条高质量发展的县域发展之路。

一批“专精特新”中小企业崭露头角。

在持续深化“放管服”改革、优化营商环境作用下，我国市场主体如雨后春笋般蓬勃发展。2019年，我国已有各类市场主体总量超过1.23亿户。其中，2019年度新设市场主体2 179万户，日均新设企业达2万户，活跃度约70%，市场活力持续增强。

各类市场主体中既有“顶天立地”的大企业，更有“铺天盖地”的小微企业。良好营商环境为小微企业转型升级保驾护航，支撑它们迈向“专精特新”小巨人企业。

北京市海淀区立足创建全国科技创新中心核心区，聚焦中关村科学城建设，全力推进创新链、服务链、产业链、资金链、政策链“五链”深度融合，积极营造优良创新创业生态环境，打造全程服务体系。集成“政府政务服务 + 社会专业服务”，在设立工商登记、税务咨询、人力社保、知识产权等政府服务窗口的基础上，吸引知果果、51 社保、盛大资本、北京银行、德恒律所等一大批专业机构入驻创业会客厅，为创业者在知识产权、人力资源、科技金融、法律咨询等领域，提供一站式全要素创新创业服务。以中关村创业大街为例，开办不到 3 年的时间就孵化创新创业团队 1 580 多个，涌现出以小米、滴滴、美团为代表的独角兽企业 34 家，数量占北京市独角兽企业的 52.3%，成为独角兽企业集中爆发的区域。

湖北省武汉市围绕“三个第一”（把群众满意作为第一标准、把市场评价作为第一评价、把企业感受作为第一感受），推进“马上办、网上办、就近办、一次办”的“四办”改革，开展“减事项、减环节、减材料、减时限、减跑动次数”的“五减”行动，全方位推进政务服务流程重塑，帮助市场主体心无旁骛做实业。受益于良好营商环境，企业在细分领域数年或数十年如一日深耕，专注主业“不偏航”，潜心攻破制约行业发展的瓶颈，涌现出了武汉海润、艾立卡、攀升、思伟塑业等一批细分市场中的领军企业。

一批重大外资项目落地开工。

中国巨大的市场空间、广阔的发展潜力、涌动的创新活力，特别是中国在优化营商环境中体现出的深化改革扩大开放的坚定决心和务实行动，吸引了一大批外商投资项目落户中国。2017 年至 2019 年，在全球跨国投资连续下滑的背景下，中国吸引外资分别达 1 363 亿美元、1 383 亿美元和 1 412 亿美元，稳居世界第二位，实现了稳中有增、稳中提质。

2020 年 1 月，首批特斯拉 Model 3 汽车在上海市向公众进行交付。特斯拉首席执行官埃隆 · 马斯克现场谈道："是良好的营商环境，才让特斯拉上海工厂顺利建设和快速交付。"从程序优化到税收减免，从项目补贴到审批时间压缩，从跟踪服务到融资支持等一系列政策支持，使特斯拉在上海充分体验了中国持续优化的营商环境和投资便利，增强了特斯拉在中国进一步发展的信心。马斯克表示："特斯拉未来将持续在中国投资，生产 Model 3、Model Y 以及更多未来的车型，为中国消费者研发和生产真正属于他们的汽车。"

» **案例 3-7**

特斯拉的"上海速度"：当年开工、当年竣工、当年投产、当年上市

特斯拉项目于 2018 年 7 月 10 日正式签约落地，签约后仅 6 个月，2019 年 1 月 7 日正式开工建设，年底特斯拉

Model 3 上市，并同步启动二期 Model 项目，实现当年开工、当年竣工、当年投产、当年上市。

特斯拉上海超级工厂现场

特斯拉公司首席执行官马斯克多次向媒体惊叹上海速度，并表示“没有中国政府尤其是上海市政府的支持，无法实现这个奇迹，在中国看到了未来！”

从全国范围来看，大型外资项目持续增多：投资 30 亿元的西门子诊断工厂、投资 51 亿元的光束汽车项目、投资超 10 亿美元的英威达己二腈项目……将大项目落户中国，成为越来越多外企的选择。

》案例 3-8

大亚湾良好营商环境成为外商青睐之地

2020年4月22日，中国国家重大外资项目、总投资100亿美元的埃克森美孚惠州乙烯项目，在广东惠州大亚湾石化区开工。

埃克森美孚惠州乙烯项目总投资约100亿美元，分两期建设。一期项目计划建设160万吨/年乙烯裂解装置，主要的大宗产品包括：120万吨/年茂金属聚乙烯、47万吨/年高压聚乙烯、42万吨/年抗冲聚丙烯、42万吨/年均聚聚丙烯。一期项目2023年建成投产后，对于缓解国内聚烯烃产品供应结构性短缺问题，减少中国市场对高性能聚烯烃产品的进口依赖，将起到重要的作用。

在全球被新冠肺炎疫情阴霾笼罩之际，大亚湾这一重大项目的开工，让全世界更加清晰地看到中国夺取疫情防控和经济社会发展双胜利的坚定决心和信心，更加清晰地看到中国经济发展的基本面长期向好的光明前景，中国对外开放的大门越开越大。

截至2020年7月，大亚湾石化区已落户项目90宗，总投资 2 150 亿元，其中世界 500 强和行业领先企业投资占比近 90%，凭借良好的产业基础和完整的配套设施，吸引了来自美国、英国、荷兰、瑞士、德国、日本等全球二十多个国家和地区的国际知名化工企业落户，拥有中海油、壳牌、埃克森美孚、普利司通、乐金化学、科莱恩等知名品牌。

» 案例 3-9

山姆的“上海速度”：签约两月就开工

2020 年 5 月 28 日，山姆中国会员旗舰店项目在外高桥保税区正式开工建设，预计 2021 年开业。

疫情期间，外高桥山姆会员店项目作为定制物业，面临着时间紧、体量大、方案布置难等一系列问题。为保证开工开业时间，保税区管理局与外高桥集团股份、客户方构建工作推进机制。在商务谈判初期，就确定项目服务专员，以嵌入式服务及时解决审批中的难题；疫情期间采用云会议、建立专项工作群等方式在线服务。保税区管理局充分发挥集中授权的优势，转变各条线管理部门间的审批流转为管理局单部门内部书面甚至口头征询，项目环节时间均精确到小时。此次核发建设工程规划许可证及施工许可证均仅用了 1 天时间。

第四章

“十四五”时期优化营商环境面临的新形势

习近平总书记指出，要坚持用全面、辩证、长远的眼光分析当前经济形势，努力在危机中育新机、于变局中开新局。[1] 当今世界风起云涌、风险挑战凸显，国际经济合作和竞争正在发生深刻变化，全球经济治理体系和规则正在面临重大调整。我国经济发展已由高速增长阶段转向高质量发展阶段，经济发展的环境、条件、任务、要求等都发生了新的变化。受新冠肺炎疫情全球大流行的深层次影响，世界经济短期内复苏难度和我国经济下行压力加大，不稳定、不确定性因素明显增多。“十四五”时期是我国由全面建成小康社会向基本实现社会主义现代化迈进的关键时期，要巩固我国经济稳中向好、长期向好的基本趋势，必须把打造市场化法治化国际化一流营商环境摆到突出位置，充分认识国内外复杂形势给优化营商环境带来的巨大压力，全面把握新机遇给优化营商环境注入的强大动力，深入挖掘和激发新时代优化营商环境所蕴藏的无穷潜力。

---

[1]《习近平在看望参加政协会议的经济界委员时强调 坚持用全面辩证长远眼光分析经济形势 努力在危机中育新机于变局中开新局》，《人民日报》2020 年 5 月 24 日。

第一节

新形势下优化营商环境面临新压力

当前，我国发展面临的环境更加严峻复杂，可以预料和难以预料的风险挑战更多。从国际看，全球经济贸易格局正在发生深刻变化，国际竞争日趋激烈，这很大程度上是营商环境的竞争。从国内看，我国经济正处在转变发展方式、优化经济结构、转换增长动力的攻关期，还需要在扶持市场主体、稳定市场信心上下更大功夫。从优化营商环境的改革成效看，在市场化法治化国际化便利化等方面仍然存在一些问题和不足。营商环境优劣直接影响市场主体的兴衰、生产要素的聚散、发展动力的强弱。要想在错综复杂的国内外形势中赢得主动，必须在优化营商环境上实现更好发展，以更加开放透明、更加规范高效的制度机制应对风险挑战的冲击，促进经济平稳健康运行。

一、全球产业链供应链价值链加速重构，确保我国产业链供应链稳定亟须进一步优化营商环境

习近平总书记指出，当今世界正经历百年未有之大变局。[1]新兴市场国家和发展中国家的崛起速度之快前所未有，新一轮科技革命和产业变革带来的激烈竞争前所未有，全球治理体系与国际形势变化的不适应、不对称前所未有。随着逆全球化和霸权主义、强权政治抬头，国际社会面临的新挑战也与日俱增。我国经济发展面临的外部环境发生重大改变并日趋严峻复杂。

改革开放以来，随着产业规模不断壮大、体系不断完善，我国日益成为“世界工厂”和全球供应链中心，同时也成为重要的需求来源地，在全球分工体系中处于重要地位。

2008年国际金融危机后，美日欧等发达经济体意识到强大的制造业是加快经济增长与创新的关键，均将“再工业化”作为重塑竞争优势的重要战略，不但大力发展新兴产业、高端制造业，而且也促进传统制造业回流。美国奥巴马政府先后出台了包括《重振美国制造业框架》《制造业促进法案》《先进制造业伙伴关系计划》《振兴美国制造业与创新法案》等在内的多项立法和重大政策，对

[1]《在“不忘初心、牢记使命”主题教育总结大会上的讲话》，《人民日报》2020年1月9日。

重点领域制造业产业进行支持，并着力吸引海外制造业回流。美国特朗普政府推行“美国优先”战略，不断强化贸易保护主义，实施大规模减税计划，加大基础设施领域投资，吸引海外制造业回流。日本推出的“产业重生”战略，德国推出的“工业4.0”战略，英国推出的“工业2050”战略，法国推出的“未来工业”战略，也都旨在维护和扩大本国制造业竞争优势。与此同时，印度、印度尼西亚、越南等新兴经济体依靠劳动力和土地成本优势以及较低的贸易争端风险，成为国际产业转移的重要承接地，促进了中低端制造业崛起，对我国劳动密集型产业出口形成较大国际竞争压力。

2018年以来，中美经贸摩擦不断升级，给全球贸易体系造成了较强冲击，深刻影响全球产业链分工格局。受美国对华输美产品加征关税等带来的不确定性影响，我国部分企业出现产业链向境外转移倾向。2020年以来，新冠肺炎疫情全球大流行，世界各国产业链供应链循环受阻，国际贸易投资萎缩。美国等西方国家意识到在自然灾害、公共卫生事件、政治冲突等影响下，保持产业链自主化本土化的重要性，出于保障国家安全、提升产业链供应链韧性等不同考虑，加快推动全球产业链供应链价值链重构。日本政府设立供应链改革专项资金，对“日本所需零部件原材料依赖度高的特定国家”回流的投资项目给予补助。这对我国推进产业优化升级，推动产业迈向中高端水平，建设现代化经济体系带来前所未有的困难和挑战。

面对错综复杂的国际形势，只有进一步优化营商环境，以改革手段持续释放我国经济发展内生动力，才能增强内资企业投资与发展的信心和动力、稳定外资企业和跨国公司对华投资信心，保障我国产业链供应链稳定、安全，巩固我国在全球产业链供应链互联互通中的重要地位。

二、全球主要经济体营商环境比拼日趋激烈，增强我国国际竞争新优势亟须进一步优化营商环境

习近平总书记指出，我们提出建设开放型经济新体制，一个重要目的就是通过开放促进我们自身加快制度建设、法规建设，改善营商环境和创新环境，降低市场运行成本，提高运行效率，提升国际竞争力。[1] 营商环境是企业生存发展的土壤，营商环境就是生产力。营商环境的好坏优劣，直接决定现有企业的生存与发展、新兴企业的层次与品类、集聚要素的质量与规模，进而影响一座城市、一个省份乃至一个国家的国际竞争力。所以说，营商环境是国家软实力的重要体现，是综合国力的重要方面。

当今世界，国与国之间的竞争，已经从政治、经济、军事等硬实力竞争，逐步拓展到包括制度、环境和影响力等软实力竞争在内的综合国力的竞争。近年来，无论是发达经济体，还是新兴市场

[1]《习近平主持召开中央财经领导小组第十六次会议强调 营造稳定公平透明的营商环境 加快建设开放型经济新体制》，《人民日报》2017 年 7 月 18 日。

国家，都更加重视塑造国际竞争新优势，对营商环境的重视程度前所未有。长期以来，高税负和复杂税制是影响美国企业竞争力和营商环境效率的重要因素。2017 年 12 月美国政府出台《减税和就业法案》，将企业所得税从最高 35% 的累进税率调整为 21% 的单一税率，将全球税制修改为属地税制，并大幅降低企业海外累积利润汇回汇率，对特定资本支出允许 100% 费用化扣除，并加大舆论宣传，呼吁和引导全球产业、资本流入美国。近年来，印度政府致力于提高在全球经济事务中的影响力，提出进入世界银行营商环境全球排名前 50 位的目标，为此实施了全方位、多领域的改革，包括简化税制并降低税率、出台公司破产法减少破产程序耗时、持续改善供电状况等，印度在世界银行营商环境报告中的排名从 2014 年的第 142 位提升至 2020 年的第 63 位。2011 年俄罗斯在世界银行营商环境报告中的排名为全球第 120 位，2012 年 5 月俄罗斯总统普京责成政府采取措施提高俄罗斯排名，目标是在 2015 年提至第 50 位、2018 年提至第 20 位。根据世界银行《2020 年营商环境报告》，通过实施电力供应、纳税和保护中小投资者方面的改革，俄罗斯排名已提升至第 28 位。

“十四五”时期，我国要巩固并不断提升在全球的营商环境排名，创造更具吸引力的营商环境，将面临更为激烈的国际竞争。只有坚定不移全面深化改革，加快完善社会主义市场经济体制，建设现代化经济体系，坚持对外开放基本国策，大幅度放宽市场准入，加强同国际规则对接，提升政策透明度，加大保护知识产权力度，才能不断增强我国营商环境的国际竞争力，保持我国作为全球最具吸引力投资目的地的优势，使我国硬实力和软实力相得益彰、同步提升。

三、国内经济下行压力加大，稳定市场预期和信心、激发市场主体活力亟须进一步优化营商环境

2014年12月5日，习近平总书记主持召开中共中央政治局会议时强调，我国进入经济发展新常态。认识新常态，适应新常态，引领新常态，是当前和今后一个时期我国经济发展的大逻辑。习近平总书记指出，我国经济发展进入新常态后，增长速度正从百分之十左右的高速增长转向百分之七左右的中高速增长，经济发展方式正从规模速度型粗放增长转向质量效率型集约增长，经济结构正从增量扩能为主转向调整存量、做优增量并举的深度调整，经济发展动力正从传统增长点转向新的增长点。[1] 大力转变经济发展方式、优化经济结构、转换增长动力，是我国这样一个经济和人口规模巨大的国家，由高速增长阶段转向高质量发展阶段必须跨越的常规性、长期性关口。

应当看到，与跨越关口、实现高质量发展的要求相比，我国市场体系还不健全、市场发育还不充分，政府和市场的关系没有完

[1]《在中央经济工作会议上的讲话》（2014年12月9日），《习近平关于全面建成小康社会论述摘编》，中央文献出版社2016年版，第28–29页。

全理顺，还存在市场激励不足、要素流动不畅、资源配置效率不高、微观经济活力不强等问题。特别是近年来，受世界经济增速放缓、外需拉动作用减弱、国内消费增速减慢、有效投资增长乏力等影响，国内经济下行压力加大，实体经济困难较多，GDP 增速自 2016 年以来已连续 4 年在 7% 以下，2019 年增速为 6.1%。2020 年初暴发的新冠肺炎疫情对经济社会发展产生了前所未有的冲击，各方面滞后影响、衍生影响仍在不断积累变化，经济运行中突出矛盾较多、问题变化较快，精准有效对冲经济下行压力面临很大挑战。

“十四五”时期是我国跨越常规性、长期性关口的重要时期，扎实做好稳就业、稳金融、稳外贸、稳外资、稳投资、稳预期工作，全面落实保居民就业、保基本民生、保市场主体、保粮食能源安全、保产业链供应链稳定、保基层运转任务，保持经济运行在合理区间，至关重要。只有坚持以市场主体需求为导向，以提升市场主体获得感为中心，进一步加大优化营商环境力度，才能充分激发市场主体创新创业活力，以企业的活力、市场的潜力、创新的动力，平衡、抵消、吸收经济运行面临的各种困难和压力。

四、营商环境领域仍有短板弱项，不断增强市场主体获得感幸福感安全感亟须进一步优化营商环境

习近平总书记指出，要坚持问题导向，解放思想，通过全面深化改革开放，给创新创业创造以更好的环境，着力解决影响创新

创业创造的突出体制机制问题，营造鼓励创新创业创造的社会氛围。[1]

党的十八大以来，以习近平同志为核心的党中央坚持全面深化改革，着力调整优化政府职能，致力于营造市场化、法治化、国际化的营商环境，不断放宽市场准入，大幅削减行政审批事项，全面实施“双随机、一公开”监管，着力优化政务服务，有效激发了市场主体活力和社会创造力，世界银行公布的我国全球营商环境排名大幅提升，营商环境国际竞争力持续增强。

与此同时，我们也看到，优化营商环境在部分重要领域和关键环节还有一些改革举措需要持续推进，与经济社会发展要求和人民群众期待相比有较大差距。市场化方面，部分领域市场准入门槛仍然较高，项目审批、招标投标、申请资金等方面仍存在一些隐性门槛，有的地方对本地企业和外地企业实行差别待遇，搞地方保护。法治化方面，法律法规中要求企业购买第三方服务的事项较多，有的领域监管执法标准不一致、不清晰，有的地方存在多头执法、重复执法、“一刀切”执法等问题，干扰市场主体正常生产经营。国际化方面，部分现行法律法规和制度规则与国际通行规则有待进一步衔接。便利化方面，部分政务服务事项办理时间长、申报材料多、办事成本高，部分地区网上政务服务平台建设滞后，国家、

[1]《习近平栗战书汪洋王沪宁赵乐际分别参加全国人大会议一些代表团审议》，《人民日报》2019 年 3 月 11 日。

省、市政务信息系统仍需加强对接。这些问题影响到投资兴业和创业创新，让企业和群众的获得感打了折扣。

人民对美好生活的向往就是我们的奋斗目标。要把人民群众“向往”的美好生活变成“现实”的美好生活，就要从企业和群众最不满意的地方改起，自我加压、对标先进，为各类市场主体投资兴业营造稳定、公平、透明、可预期的良好环境。这就要求各级政府切实转变观念，以正视问题的自觉和刀刃向内的勇气，用坚持不懈的韧劲，不断增强改革的系统性、整体性、协同性，不断将“放管服”深化改革、优化营商环境向纵深推进。

第二节

新机遇为优化营商环境注入新动力

当前，全球范围内新旧动能加速转换，新技术、新经济、新业态不断涌现并蓬勃发展，国际格局加速演变，我国在全球政治经济中占据越来越重要的地位，成为激发世界经济活力、完善全球经济规则的重要力量。同时，国内重要领域和关键环节改革成效显著，主要领域基础性制度体系基本形成，为推进国家治理体系和治理能力现代化打下坚实基础，也为下一步加强制度创新明确了方向。打造国际一流营商环境，就要以面向全球、面向未来的视野，抓住用好新机遇，在积极引领全球经济治理体系变革、加快推进国家治理体系和治理能力现代化的进程中不断激发改革的内生动力。

一、积极引领和推动全球经济治理体系和世界贸易规则变革，必须以更大勇气营造高标准国际化营商环境

习近平总书记指出，现在的问题不是要不要对外开放，而是如何提高对外开放的质量和发展的内外联动性。[1]我国作为世界第二大经济体及最大的发展中国家，要统筹国内国际两个大局，利用好国际国内两个市场、两种资源，必须坚持深度融入全球经济，发挥负责任大国作用，积极倡导共商共建共享的全球治理观，主动参与全球经济治理体系变革和新一轮国际经贸规则制定。

我国是现行全球治理体系的参与者、建设者、贡献者，同时也是受益者。以联合国为核心的全球治理体系和以世界贸易组织为核心的多边贸易体制是我国快速发展赖以实现的国际制度环境。近年来，发达经济体与新兴经济体间经济增长趋势分化，发展中国家特别是新兴经济体日益崛起，世界经济中心正在发生不可逆转的变化。在美欧日等发达经济体主导下，全球经济治理体系和世界贸易规则加速调整变革。新一轮国际自贸区谈判逐步推开，2016 年以来，日本与欧盟经济伙伴关系协定（EPA）、非洲大陆自由贸易区协议（AfCFTA）、全面与进步跨太平洋伙伴关系协定（CPTPP）、

[1]《在党的十八届五中全会第二次全体会议上的讲话（节选）》（2015 年 10 月 29 日），《求是》2016 年第 1 期。

美墨加贸易协定（USMCA）等多个区域自由贸易协定生效实施。美欧日力图推动世界贸易组织改革，质疑我国等新兴经济体的发展中国家地位以及应当享有的特殊和差别待遇，动摇多边贸易体制的根基。这些都将在很大程度上改变世界贸易规则、标准和格局。

共建“一带一路”倡议得到越来越多国家和国际组织积极响应，截至 2019 年，合作伙伴已拓展至五大洲 136 个国家和 30 个国际组织。共建“一带一路”倡议坚持普惠共赢，致力于打造各方共同参与的开放型合作平台，推动经济全球化朝着更加开放、包容、普惠、平衡、共赢的方向发展，是强化互利合作、积极参与和完善多边贸易规则的有利契机，有助于提高我国在全球经济治理体系中的话语权和影响力。

面对全球经济治理体系变革带来的新机遇，我国要担当好全球共同开放的重要推动者、世界经济增长的稳定动力源、各国拓展商机的活力大市场、全球治理改革的积极贡献者角色，必须以更大勇气进一步加快国内改革开放进程，尊重国际营商惯例，进一步放宽外资准入限制，加大外资企业国民待遇保障力度，提升投资便利化程度，加强与国际规则标准对接合作，持续提升我国营商环境国际化水平。只有这样，才能不断增强用好国际国内两个市场、两种资源的能力，增强应对国际经贸摩擦、争取国际经济话语权的能力，增强运用国际经贸规则的本领，使我国成为推动全球经济治理体系改革完善的重要参与方。

二、推进国家治理体系和治理能力现代化，必须以更大魄力加快推动营商环境改革

习近平主席指出，中国将继续针对制约经济发展的突出矛盾，在关键环节和重要领域加快改革步伐，以国家治理体系和治理能力现代化为高水平开放、高质量发展提供制度保障。[1] 习近平总书记指出，党的十八届三中全会提出的全面深化改革的总目标，就是完善和发展中国特色社会主义制度、推进国家治理体系和治理能力现代化。[2]

党的十八大以来，中国共产党把制度建设摆到更加突出的位置，提出全面建成小康社会，必须以更大的政治勇气和智慧，不失时机深化重要领域改革，坚决破除一切妨碍科学发展的思想观念和体制机制弊端，构建系统完备、科学规范、运行有效的制度体系。党的十八届五中全会指出，“十三五”时期要实现各方面制度更加成熟更加定型，国家治理体系和治理能力现代化取得重大进展，各领域基础性制度体系基本形成。党的十九届四中全会进一步强调，

[1]《开放合作 命运与共——在第二届中国国际进口博览会开幕式上的主旨演讲》，《人民日报》2019 年 11 月 6 日。

[2]《习近平在省部级主要领导干部学习贯彻十八届三中全会精神全面深化改革专题研讨班开班式上发表重要讲话强调 完善和发展中国特色社会主义制度 推进国家治理体系和治理能力现代化》，《人民日报》2014 年 2 月 18 日。

坚持改革创新，突出坚持和完善支撑中国特色社会主义制度的根本制度、基本制度、重要制度。

在持续推进“放管服”改革、优化营商环境的过程中，部分地方作为改革试验田，进行的制度创新探索与实践，为坚持和完善中国特色社会主义制度、推进国家治理体系和治理能力现代化积累了实践成果。比如，上海自由贸易区开展的负面清单管理、“证照分离”改革的试点，江苏省泰州市、浙江省台州市开展的取消企业银行账户许可的试点，都已成为重要的法律和制度成果，在更大范围加以推广。

2019 年 10 月，在系统总结近年来我国优化营商环境改革成果和成熟经验的基础上，国务院颁布《优化营商环境条例》，这是我国优化营商环境领域第一部专门行政法规，也是国家治理体系和治理能力现代化进程中的一项重要制度成果。

新冠肺炎疫情期间，各地区、各部门针对企业反映突出的问题，取消不合理审批，规范审批事项和行为，提供便利服务，普遍实行“全天候”网上收件、“及时推送”并联审批、“零等待”网上出件等办理模式，精准稳妥推进复工复产、复商复市。这些好的经验做法正在逐步规范化、制度化、常态化，在“抓紧制定国家治理体系和治理能力现代化急需的制度、满足人民对美好生活新期待必备的制度”方面作出了有益探索，也对下一步深化“放管服”改革、优化营商环境提供了重要指引。

在新时代，坚持和完善中国特色社会主义制度、推进国家治理体系和治理能力现代化，要求从我国国情出发，继续加强制度创新。站在新的历史方位看，优化营商环境要更加聚焦体制性障碍、机制性梗阻、政策性创新等“硬骨头”，以更大的魄力打破思想束缚和利益藩篱，加快推出更有含金量的改革举措，及时上升为制度、转化为法律，推动制度优势更好转化为治理效能。

第三节

新起点上优化营商环境
须立足使命深挖新潜力

“十四五”时期是我国由全面建成小康社会向基本实现社会主义现代化迈进的关键时期，也是优化营商环境工作提质增效、综合效用充分显现的重要时期。站在新的历史起点，我们要坚持全面贯彻新发展理念，围绕推动高质量发展，建设现代化经济体系，加快推进政府职能深刻转变，充分发挥发展优势，着力缩小发展差距，不断把深化“放管服”改革、优化营商环境推向纵深，更大激发市场主体活力和社会创造力。

一、新的增长点增长极增长带不断成长，自贸试验区深化改革创新，为打造国际一流的营商环境高地创造了有利条件

习近平总书记指出，我国经济由高速增长阶段转向高质量发展阶段，对区域协调发展提出了新的要求。不能简单要求各地区在经济发展上达到同一水平，而是要根据各地区的条件，走合理分工、优化发展的路子。要形成几个能够带动全国高质量发展的新动力源，特别是京津冀、长三角、珠三角三大地区，以及一些重要城市群。[1]

党的十八大以来，我国加快实施区域发展总体战略，完善区域政策和空间布局，推进京津冀协同发展、长三角一体化发展、粤港澳大湾区建设，打造世界级创新平台和增长极。北京市、上海市、广州市、深圳市等特大城市认真落实习近平总书记指示要求，率先加大营商环境改革力度，转变政府职能，放宽市场准入，强化制度创新，在打造市场化、法治化、国际化、便利化营商环境方面走在前列，探索积累了一批可供全国层面复制推广的改革举措。国内高水平高标准自由贸易试验区建设加快推进，国家先后批准设立了

[1]《推动形成优势互补高质量发展的区域经济布局》（2019 年 8 月 26 日），《求是》2019 年第 24 期。

18个自由贸易试验区，启动建设海南自由贸易港。有关地方和部门密切配合，推动自由贸易试验区在改革开放的“深水区”积极探索创新，一大批制度创新成果推广至全国，发挥了全面深化改革的“试验田”的作用。

“十四五”时期，国家重大区域发展战略将进一步深入实施，京津冀、长三角、粤港澳大湾区、黄河流域、成渝地区双城经济圈等区域高质量发展重要增长极将进一步壮大，北京市、上海市、广州市、深圳市等特大城市与周边区域的信息、技术、资金、人才等要素流动进一步畅通，对周边区域的辐射能力进一步增强，有能力发挥龙头带动作用，推动区域营商环境整体优化，逐步打造成为国际一流的营商环境高地，将区域比较优势提升为全球竞争优势，构建支撑经济高质量发展的新引擎。

“十四五”时期，自由贸易试验区改革创新将进一步深化，改革成果将在更大范围复制推广，特别是中国（上海）自由贸易试验区临港新片区被党中央、国务院赋予更大的自主发展、自主改革和自主创新管理权限，有能力进行更深层次、更宽领域、更大力度的全方位高水平开放。海南自由贸易港建设将加快推进，通过学习借鉴全球知名自由贸易港先进经验，对接国际高标准经贸规则，有能力在贸易自由便利、投资自由便利、跨境资金流动自由便利、人员进出自由便利、运输来往自由便利、数据安全有序流动和实施具有国际竞争力的税收政策等方面探索形成具有国际竞争力的开放制度体系，打造成为新时代我国改革开放和制度创新的新高地。

二、南方地区优化营商环境率先突破，北方地区改革步伐逐步加快，为全国范围营商环境持续优化提升奠定了坚实基础

党的十八大以来，南方地区特别是东部沿海地区的上海市、浙江省、江苏省、广东省等省市聚焦市场主体在与政府互动中的感受和诉求，将政府职能转变作为改革的突破口，大刀阔斧推进行政审批制度改革，打造公开、规范、全程留痕的监管环境和执法环境；利用信息化、智能化手段再造流程审批，推出浙江省“最多跑一次”、江苏省“不见面审批”等，在全国范围甚至国际社会打造出了一批营商环境“驰名品牌”，同时也有效带动周边省市加快优化营商环境步伐，“八仙过海、各显神通”，探索出许多独具特色、深受企业和群众欢迎的好经验好做法，通过为企业提供更优服务、帮助降低成本来吸引投资。

与此同时，北方地区也有不少省市积极推进“放管服”改革，成效初显。北京市、天津市、河北省着力增强优化营商环境工作的整体性、协同性，积极推进政务服务标准统一、资质互认、区域通办。辽宁省沈阳市、宁夏回族自治区银川市等地加快营商环境改革步伐，营造良好投资和发展环境，成为全国营商环境标杆。

» 案例 4-1

辽宁省沈阳市："万人进万企"解难题促发展

2018年以来，辽宁省沈阳市组织全市机关干部深入开展"万人进万企"活动，按照"无事不扰、有求必应"工作原则，积极推进"送政策、察实情、解难题、促发展"。截至2020年7月，全市10 166名干部对接帮扶企业11 282家，联系服务企业43 980人次，办理解决企业诉求7 280件。

❖ 建立市区两级领导"一对多""多对多"帮扶企业责任制，调整设立了税费、政府诚信、涉法涉诉、城市建设（基础设施要素保障）、企业融资、科技创新、外企服务七大工作专班。

❖ 搭建"民企直通车"企业诉求办理平台，建立干部及其所在单位自办、责任单位转办、工作专班办理、领导小组研究决策四级诉求办理体系。

❖ 创建"营商下午茶"活动，组织政府职能部门与企业面对面沟通解决问题。开设12345-1-6企业应急服务专线，建立24小时快速响应机制。疫情期间，围绕企业复工复产涉及的防疫物资供应、审批手续办理、物流通畅、政策落实等方面开展专项帮扶，聚焦企业融资、用工、市场、产业链以及政策落实等五个方面助企纾困，取得显著效果。

实践证明，哪里的“放管服”改革搞得好、哪里的营商环境改善得快，哪里的市场活力就强、发展势头就好。同时，“放管服”改革综合效应的持续显现，又更大激发了地方政府进一步优化营商环境的主动性，形成良性循环。

当前，我国正处在由中等收入国家向高收入国家迈进的阶段。国际经验表明，这个阶段是各种矛盾集中爆发的时期，发展不协调的问题在各个领域广泛存在，营商环境也不例外。推动南北方地区营商环境协调发展，下好全国“一盘棋”，就要找出短板，在补齐短板上多用力，通过补齐短板挖掘发展潜力、增强发展后劲。当前，各级地方政府都正在积极发挥基层首创精神，立足地方比较优势，持续推出更多管用、可行、解渴的改革举措，从比硬件条件、税收优惠转向更多比手续少、时间短、流程优。可以预见，“十四五”时期，随着各地方主动探索差异化、特色化改革举措，主动对标先进、相互学习借鉴，全国范围将形成竞相推进优化营商环境的良好局面。

三、社会治理重心向基层下移，以网络化信息化为支撑的基层治理基础体系加快建立，为进一步优化营商环境提供了巨大空间

2020年3月10日，习近平总书记在湖北省考察新冠肺炎疫情防控工作时指出，这次新冠肺炎疫情防控，是对治理体系和治理能力的一次大考，既有经验，也有教训。我们要放眼长远，总结经验教训，加快补齐治理体系的短板和弱项。要夯实社会治理基层基础，推动社会治理重心下移，构建党组织领导的共建共治共享的城乡基层治理格局。[1] 党的十九届四中全会提出，要加快推进市域社会治理现代化，推动社会治理和服务重心向基层下移，把更多资源下沉到基层，更好提供精准化、精细化服务。

社区是公共服务和社会治理的基础单元，是党委和政府联系群众、服务群众的神经末梢，也是社会治理体制机制从行政主导转向群众参与、民主自治的重要平台。我国在不断破除“单位人”管理模式的同时，实施“社会人”管理的社区治理网络尚未及时完善。党的十八大以来，各地坚持以人民为中心的发展思想，走好新时代

[1]《在湖北省考察新冠肺炎疫情防控工作时的讲话》（2020年3月10日），《求是》2020年第7期。

群众路线，大力加强基层治理体制机制创新。北京市实施的“街乡吹哨、部门报到”改革，四川省成都市打造的“网络理政平台”，广东省广州市建设的“令行禁止、有呼必应”基层治理综合调度体系，都旨在树立到基层一线解决问题的导向，聚焦办好群众家门口事、解决好群众身边的问题。

》案例 4-2

四川省成都市开通网络理政平台，构建城市智慧治理新模式

为实现网上访民意、网下解民忧，2016 年底，四川省成都市建成了集市、区（市）县、乡镇（街道）2 697 个领导网络信箱和成都市政府门户网站“中国·成都”首页“网络理政平台”专栏及手机移动端于一体的成都市网络理政平台，并将原先相对分散的市长公开电话、市级部门热线电话、市长信箱、市级部门信箱、服务企业信箱、区（市）县信箱、乡镇（街道）信箱进行深度整合，纳入全市统一的网络理政平台，建成全市统一的民生诉求受理平台，实现了受理平台、办理系统、工作标准、办理流程、考核监督、数据共享“六个统一”。出台了《成都市市长公开电

话市长信箱工作办法（试行）》《成都市网络理政办理办法（试行）》，全面规范受理、转办、承办、监督、考核等各环节工作。除及时回应群众关切和诉求，切实为群众和企业排忧解难，政府也通过网络理政平台的大数据分析解读和破译民生“密码”，使政府决策和社会治理更加凸显民意诉求、更加符合群众意愿、更加民主科学透明。

“十四五”时期，共建共治共享的基层社会治理新格局将加快构建，社会治理重心将进一步向基层下移，带动行政资源向乡镇、街道、社区下沉，“小政府、大社会”治理模式逐步形成，越来越多对市场主体的监管和服务将在基层开展，这为大幅提升监管和服务效能提供了有利契机。“十四五”时期是5G网络、人工智能、工业互联网、物联网等新型基础设施大建设大发展的时期，也是大数据、云计算、区块链等技术日趋成熟和普及应用的时期，以网络化、信息化为支撑的基层治理基础体系逐步建立，为进一步转变行政管理方式、深入推行“互联网+政务”创造了有利条件，“最多跑一次”“一次都不跑”等政务服务便利化举措和监管精准化、智能化举措将在更多领域成为可能。在强大的信息网络技术支撑下，营商环境便利度以及市场主体获得感、满意度将大幅提升。

第五章

“十四五”时期打造国际一流营商环境思路举措

“十四五”时期是我国全面建设社会主义现代化国家新征程的开局起步期，是世界百年未有之大变局的深度演变期，推动经济高质量发展，建设现代化经济体系，营商环境将发挥重要作用。“十四五”时期，我们要在以习近平同志为核心的党中央坚强领导下，以习近平新时代中国特色社会主义思想为指导，全面贯彻党的十九大和十九届二中、三中、四中全会精神，增强“四个意识”、坚定“四个自信”、做到“两个维护”，坚持党的全面领导，坚持稳中求进工作总基调，坚持新发展理念，坚持以供给侧结构性改革为主线，以坚持和完善中国特色社会主义制度、推进国家治理体系和治理能力现代化为主轴，增强以改革推进国家制度和国家治理体系建设的自觉性，继续全面深化改革，注重各项改革协调推进，加强改革系统集成、协同高效，推动各地区、各部门在积极主动进行制度创新、加强制度建设和治理能力建设上下更大功夫，加快打造市场化、法治化、国际化营商环境，更大激发市场活力、增强内生动力、释放内需潜力，对标国际一流水平，建立统一开放、竞争有序的现代市场体系，为各类市场主体投资兴业创造良好发展环境。

第一节

进一步深化简政放权，激发市场主体活力

习近平总书记指出，要加快转变政府职能，大幅减少政府对资源的直接配置，强化事中事后监管，给市场发育创造条件。[1]政府职能转变既是优化营商环境的主要推动力，也是优化营商环境的重要前提和基础。“十四五”时期，要全方位推动提升市场竞争开放度，进一步做好简政放权的“减法”，大力推进审批制度“全覆盖、全流程、全方位”改革，主动取消或简化审批事项、精简报审材料、转变管理方式、下放审批权限。通过转变政府职能，推动简政放权，破除不合理的体制机制障碍，真正

[1]《推动形成优势互补高质量发展的区域经济布局》（2019 年 8 月 26 日），《求是》2019 年第 24 期。

为市场松绑减负，促进市场主体投资兴业，有效释放市场活力、社会创造力。

一、不断放宽市场准入，给民营企业发展创造充足市场空间

全面落实并巩固维护全国统一的市场准入负面清单制度，坚持“一单尽列，单外无单”，严禁各地方、各部门自行发布市场准入性质的负面清单。推动“非禁即入”普遍落实，全面清理清单之外违规设立的准入许可，市场准入负面清单以外的行业、领域、业务，各类市场主体均可依法平等进入。健全清单动态调整机制，坚持“一年一修，动态调整”，市场准入负面清单如无特殊情况每年修订一次。

与此同时，逐项推动破除市场准入负面清单之外的隐性准入壁垒。取消对民间资本、民营企业单独设置的附加条件和歧视性条款，打破各种各样的“卷帘门”“玻璃门”“旋转门”，畅通市场主体、行业协会、政府部门等意见反映渠道，对隐性准入壁垒发现一起、解决一起。加快清理废除妨碍统一市场和公平竞争的各种规定和做法，取消现有政策措施中涉及地方保护、指定交易、市场壁垒等内容，保障不同所有制企业在资质许可、政府采购、科技项目、标准制定等方面公平待遇，坚决纠正滥用行政权力排除、限制竞争行为。将涉企规章、规范性文件和其他政策文件措施全部纳入公平

竞争审查范围，对拟适用例外规定、对社会公众影响重大的政策措施，鼓励通过第三方评估方式进行审查。

二、大幅减少微观管理事务和具体审批事项，降低制度性交易成本

全面清理、精简行政审批事项，对市场机制能够有效调节、行业组织或中介机构能够有效实现行业自律管理、通过事中事后监管能够有效规范的行政审批事项，坚决予以取消。严格控制新设行政许可，新设行政许可应当按照行政许可法和国务院的规定严格设定标准，并进行合法性、必要性和合理性审查论证。对通过事中事后监管或者市场机制能够解决，以及行政许可法和国务院规定不得设立行政许可的事项，一律不得设立行政许可，严禁以备案、登记、注册、目录、规划、年检、年报、监制、认定、认证、审定以及其他任何形式变相设定或者实施行政许可。法律、行政法规和国务院决定对相关管理事项已作出规定，但未采取行政许可管理方式的，地方不得就该事项设定行政许可。对相关管理事项尚未制定法律、行政法规的，地方可以依法就该事项设定行政许可。

与此同时，进一步明确简政放权标准，以方便企业和群众“办好一件事”为出发点，打破部门界限，统筹整体联动，实现集成服务。取消下放行政许可事项时，充分征求有关部门意见和基层审批部门的承接意见，健全完善第三方评估和专家论证制度，并加强对

基层审批部门业务的具体指导，增强简政放权工作的协同性。逐步赋予一些具备条件、有改革需求的地方政府实施更高层级职能权限，充分激发地方改革活力。

三、持续推动减税降费，降低企业经营成本

围绕让企业轻装上阵，再释放一批有分量、有温度的政策红利，在新冠肺炎疫情常态化防控情况下，落实既有政策，继续研究阶段性、有针对性的减税降费政策储备，帮助中小微企业渡过难关。对于税费负担要坚决清、必须降、严肃查、落到位，整治第三方截留减税降费红利等行为，畅通减税降费政策传导机制，让企业得实惠、有感受。加快收费清单"一张网"建设，让收费公开透明，让乱收费无处藏身。做好土地、水电气暖、物流、用工等方面要素保障服务，最大限度降低各类要素成本。

与此同时，鼓励和支持金融机构加大对民营企业、中小企业的支持力度，降低民营企业、中小企业综合融资成本，推动解决融资难、融资贵问题。用好已有金融支持政策，适时出台新的政策措施，调动政府、金融机构和企业多方积极性，再造贷款流程，稳定资金供给，降低融资成本。对暂时遇到困难但市场前景好的民营企业要加大信贷支持力度，不停贷、压贷、抽贷、断贷，同舟共济、共克时艰。

四、规范中间环节和中介组织行为，杜绝中介机构利用政府影响违规收费

加大改革统筹，持续推进中介服务事项“化零为整”。作为办理行政审批条件的中介服务事项应当有法律、法规或者国务院决定依据；没有依据的，不得作为办理行政审批的条件。系统推进中介服务事项与行政审批事项同步清理，中介服务流程与行政审批流程协同优化。精简中介服务事项，明确中介技术审查与行政审查的关系，清理强制性重复鉴定评估，减少行政审批对中介服务的过度依赖。行政机关在行政审批过程中确实需要委托中介服务机构开展技术性服务的，一律通过竞争性方式选择，由行政机构自行承担服务费用。

与此同时，对确需保留的中介服务事项，中介服务机构应当明确办理法定行政审批中介服务的条件、流程、时限、收费标准，并向社会公开。精简规范中介服务报告内容，严格规范收费行为和收费标准，坚决纠正中介机构变相审批及违法违规收费问题。加快推进中介服务机构与行政机关脱钩。行政机关不得为市场主体指定或者变相指定中介服务机构；除法定行政审批中介服务外，不得强制或者变相强制市场主体接受中介服务。加大对中介服务机构及其从业人员的监管力度，开展中介服务机构诚信体系建设，对违法失信中介服务机构依法加强失信惩戒。

第二节

进一步推行公正监管，严格规范行政执法

习近平总书记指出，要用法治来规范政府和市场的边界，尊重市场经济规律，通过市场化手段，在法治框架内调整各类市场主体的利益关系。[1]要切实转变政府职能，大幅减少政府对资源的直接配置，强化事中事后监管，凡是市场能自主调节的就让市场来调节，凡是企业能干的就让企业干。[2]公平公正的监管环境是法治化营商环境的基本要义。对不同所有制企业采取差别性、歧视性待遇会打击投资者信心与热情。“十四五”时期，要严格按照竞争中性

[1]《习近平主持召开中央全面依法治国委员会第二次会议强调 完善法制建设规划提高立法工作质量效率 为推进改革发展稳定工作营造良好法治环境》，《人民日报》2019年2月26日。

[2]《中央经济工作会议在北京举行》，《人民日报》2018年12月22日。

原则，对各类所有制企业一视同仁，健全公开透明、简明易行的监管规则和标准体系，创新监管方式方法，提高监管效能，为各类市场主体营造“无事不扰”、公平公正的监管环境。

一、依法依规落实监管责任

各地区、各部门要认真落实“谁审批、谁监管，谁主管、谁监管”的原则，对其审批或指导实施的行政许可事项开展事中事后监管。已取消审批但仍需政府监管的事项，由主管部门负责。健全审管衔接机制，明确国家、省、市、县四级部门监管职责和边界，健全监管规则和标准，坚决纠正“不批不管”“只批不管”“严批宽管”等问题。对取消下放事项，同步制定颁布相应的事中事后监管配套制度。

与此同时，强化食品、药品、特种设备等涉及公共安全和群众生命健康重点领域的监管，杜绝盲区。建立健全公示披露机制、溯源追责机制、惩罚性损害赔偿机制等，加大违法成本和处罚力度。探索对在事中事后监管中积极作为、成效明显的地区和部门，以及守法诚信经营的市场主体予以正向激励。

二、寓监管于服务

加快推进政府职能转变，以更大力度改革以审批发证为主要内容的传统管理体制，从以微观管理、直接管理为主转向宏观管理、监督管理为主，从根本上扭转政府职能缺位、越位、错位的现象。推动部门和地方转变监管理念，改变“重审批、轻监管”的思维和工作方式，强化主动监管、认真履职意识，以公正监管维护市场秩序，以综合监管提高行政效能，以创新监管提升政府管理水平，真正把监管落到实处。建立健全地方执法部门业务指导和常态化教育培训机制，通过开展行政执法专题培训、定期网络培训等形式，着力增加贴近基层实际的案例教学、执法规范、实践操作等培训内容，提高执法人员特别是基层领导干部的法治素养、综合素质和业务能力，做到政府监管“居敬行简”。

在行政执法中推广运用说服教育、劝导示范、行政指导等非强制性手段，依法慎重实施行政强制。采用非强制性手段能够达到行政管理目的的，不得实施行政强制；违法行为情节轻微或者社会危害较小的，可以不实施行政强制；确需实施行政强制的，应当尽可能减少对市场主体正常生产经营活动的影响。对同一检查对象的多个检查事项，能够合并事项或者联合实施的，应当合并事项或者联合实施。开展清理整顿、专项整治等活动，应当严格依法进行，除涉及人民群众生命安全、发生重特大事故或者举办国家重大活动，并报经有权机关批准外，不得在相关区域采取要求相关行业、领域的市场主体普遍停产、停业的措施。

三、以公开透明促进公正监管

公开透明才能有利于公平竞争。如果监管规则和标准秘而不宣，市场主体就会无所适从；如果标准制订得不合理、不科学，市场主体做不到，就会“绕着走”，市场竞争就可能无序；如果执法者自由裁量权太大，就必然导致寻租甚至滋生腐败。实行政府权责清单制度，推进机构、职能、权限、程序、责任法定化，做到部门权责事项完整、准确、规范、公开，规范权力运行，接受社会监督。分领域抓紧制定并充分公开全国统一、简明易行的监管规则和标准。对边界宽泛、执行弹性大的监管规则和标准，要抓紧清理规范和修订完善。

同时，严格落实行政执法公示、执法全过程记录、重大执法决定法制审核三项制度，进一步规范执法程序和行为，实现行政执法全程留痕、可追溯，持续提升执法透明度，坚决杜绝执法“一刀切”、简单粗暴、态度生硬、不按法定程序办事以及“推、拖、躲”等问题。充分利用“互联网＋督查”平台，受理企业和群众对执法不规范问题线索的投诉举报。

四、创新监管方式

全面推行“双随机、一公开”监管。将“双随机、一公开”作为市场监管的基本手段和方式，原则上取代日常巡查和随意检查，形成常态化管理机制，实现监管效能最大化、监管成本最优化、对市场主体干扰最小化。与此同时，制定日常巡查、重点检查领域和事项负面清单，对重点地区、重点环节加大监督检查频次和执法力度，对重点领域实行全链条严格监管，杜绝“双随机、一公开”重复执法。对于已依法开展“双随机、一公开”监管的领域，明确履职标准和评判界限，建立健全监管人员免责制度。

深入实施信用监管。强化市场主体信用信息归集、共享和应用，推动全国信用信息共享平台向各级政府监管部门开放数据，与政府审批服务、监管处罚等工作有效衔接。大力推进信用分级分类监管，针对不同风险等级、信用水平的监管对象采取差异化分类监管措施。对诚信守法、风险较低的监管对象，要适当降低抽查比例和频次；对失信违法、风险较高的监管对象，可以适当提高抽查比例和频次。加强经营异常名录和严重违法失信企业名单管理工作，深入推动协同监管和联合惩戒。加强社会信用体系协同建设，加快完善社会信用体系建设相关法律、法规、规范、标准，加快《企业信息公示暂行条例》《企业经营异常名录管理暂行办法》《严重违法失信企业名单管理暂行办法》等法规规章的修订工作，建立健全市场主体强制退出制度，畅通退出渠道，形成优胜劣汰长效机制。推动全国信用信息共享平台不断加强对各部门各地方信用信息的归集整合，打通“数据孤岛”，并通过“信用中国”网站提供信用信息“一站式”查询服务，为民间投资决策、市场交易等经济活动判别信用风险等提供信息参考。

完善对新兴产业的包容审慎监管。对新产业、新业态、新技术、新模式，有针对性地确定监管方式和标准规范，依法保护创新，为企业发展提供监管和包容创新并重的政策环境，加强对新兴业态服务指导。建立完善国有知识产权成果转化的决策程序，将正常的经营决策行为同明知故犯的违纪违法行为区分开来，明确免责范围和免责事项，激发国有企事业单位技术转化的积极性。定期更新产业结构目录，及时明确新技术、新产品、新工艺分类。同时，坚守安全和质量底线，构建规范高效的风险管控体系，对出现的问题及时引导或者处置，严禁以创新的名义实施违法行为。

推进“互联网＋监管”。利用大数据等技术对违法违规行为早发现、早提醒、早处置，提高监管及时性、精准性、有效性。依托国家“互联网＋监管”系统，推进监管信息跨部门、跨地区共享，实现监管事项全覆盖、监管过程全记录、监管风险可发现，实现内部整合融合、外部延伸拓展。

推进多种监管方式协同。明确各种新型监管方式的内涵、实施条件、具体操作规则，有效划分和融合信用监管、“双随机、一公开”监管、综合执法、日常巡查、重点检查等各种监管方式，强化执法力量综合协调，加大监管信息共享力度，提升监管水平。

第三节

进一步提升服务效能，切实为市场主体增便利

习近平总书记指出，要推进服务供给精细化，找准服务群众的切入点和着力点，对接群众需求实施服务供给侧改革，办好一件件民生实事。[1]党的十九大报告指出，转变政府职能，深化简政放权，创新监管方式，增强政府公信力和执行力，建设人民满意的服务型政府。要推进服务办理便捷化，优化办事流程，减少办理环节，加快政务信息系统资源整合共享。为人民群众服务是政府的本分。政务服务涉及各类市场主体和千家万户，政务服务好不好、能否真正解决问题，企业和群众感受最直接、最有发言权。“十四五”时期，

[1]《习近平在上海考察时强调 深入学习贯彻党的十九届四中全会精神 提高社会主义现代化国际大都市治理能力和水平》，《人民日报》2019 年 11 月 4 日。

要在提升服务质效上不遗余力做"加法"，重点围绕"一件事、一窗办、一次办"，切实解决企业和群众反映强烈的办事难、办事慢、办事繁的问题，努力实现政务服务一体化办理、"不见面"审批，为企业发展和群众办事增便利。

一、切实增强服务意识，转变工作作风

中国共产党是全心全意为人民服务的政党，我们的政府是人民的政府，这最终要体现到服务能力和水平的提升上。要主动为人民服务、主动为市场主体服务。要从企业和群众的需求出发，从他们的实际困难出发，实实在在为他们排忧解难。坚持解放思想、转变作风并重，彻底摒弃"官本位"思想，从企业所需所盼所急所难出发，落实好领导干部联系帮包企业制度，精准对接企业需求，加快推动从"政府端菜"转向"企业点菜"、从政府为主转向人人参与。

建立畅通有效的政企沟通机制，充分尊重市场主体意愿，采取多种方式及时听取市场主体的反映和诉求，及时了解并依法帮助解决市场主体生产经营活动中遇到的问题。完善企业调研、听取企业意见制度，把握好与企业家交往的底线边界，做到"亲"有尺度、"清"有规范。

二、深入实施“互联网 + 政务服务”，推进线上线下融合

大力发展“互联网 + 政务服务”，变“群众跑腿”为“数据跑路”，除法律法规另有规定或涉密等外，按照应上尽上的原则，实现政务服务事项基本上网办理，打造“不打烊”的“数字政府”。积极推动区块链、人工智能、大数据、物联网等新一代信息技术在政务服务领域应用，打造全国政务服务“一张网”，尽快实现税务、市场监管、房屋交易管理、外汇管理与其他相关业务审批部门的相关数据信息共享，建立完善的企业库、项目库、证照库，进一步提高审批效能，并通过一体化平台，实现政务信息在一网通办各环节之间和各部门业务审批系统之间规范流转，为企业群众办事提供更加集成高效便捷的服务，在更大范围内实现“数据多跑路，人员少跑路”，水、电、气、暖等公用事业要大力推行 App（应用程序）办事、移动支付等。

健全线上线下协调联动机制，加快线上线下深度融合，推进线上线下办理一套业务标准、一个办理平台，数据同源、服务同源、功能互补、无缝衔接。推进政务服务线上线下联动精准预约，实现全城通办、就近能办、异地可办。各地区、各部门应当推动政务服务大厅与政务服务平台全面对接融合。市场主体有权自主选择政务服务办理渠道，行政机关不得限定办理渠道。要从若干领域比如养

老保险、医疗保险等做起，实现在不同地区间联网办理，再逐步扩大范围。

三、推动政府部门协同联动、流程再造、系统整合，提高办事效率

要针对群众办事来回跑、环节多材料多、政府服务效率低等问题，对政务服务的流程、方式等进行系统化改革。全面提升优化营商环境执行力，强化部门协同，依托“互联网＋政务服务”平台对服务事项进行流程再造，撬动政府职能转变，提升政务服务效能，努力打造线上全领域、线下全覆盖，线上线下功能互补、深度融合的政务服务新体系。对涉及多个部门办理的事项，通过信息化手段推动部门数据同步采集、业务同步办理、结果实时共享。

与此同时，持续压缩开办企业、注册商标、登记财产、获得电力、工程建设项目审批、跨境贸易等事项的办理环节、时限和成本，推进“证照分离”改革全覆盖，推行企业注销便利化改革。建立“办好一件事情”全链条、全流程联合审批服务规则，做到审批服务“一套标准”、行业发展“一个规范”。持续推动减证便民行动，各级政府及其部门应公布证明事项清单，确保清单之外无证明。

四、提升实体政务大厅服务能力，打通“最后一米”

进一步优化整合提升各级政务服务大厅“一站式”功能，实现从“多头找部门”“多次办理”转变为“一个窗口”“一次办成”。推行“一窗受理、集成服务”改革，推动一窗受理从“物理整合”到“化学融合”，更加方便企业和群众办事。科学调整政务服务大厅功能分区布局，优化服务窗口设置，完善便民设施和服务导引，推进线上线下融合，实现政务服务标准化、规范化、人性化。全面建立政务服务“好差评”制度，强化窗口人员业务培训，推行首问负责、一窗受理、限时办结等制度，实现窗口“一次性告知，一次性受理”。

进一步完善省、市、县、乡综合性政务大厅集中服务模式，提升自助服务终端等公共服务设施供给质量。进一步明确基层审批部门编制、人员，明晰岗位职责、优化管理构架，确保人员事项进驻到位、窗口授权到位、服务工作良好运转。

第四节

进一步加强制度机制保障，完善公平竞争的法治环境

习近平总书记指出，发展环境越是严峻复杂，越要坚定不移深化改革，健全各方面制度，完善治理体系，促进制度建设和治理效能更好转化融合，善于运用制度优势应对风险挑战冲击。要把握全面深化改革的阶段性特点和要求，注重系统集成、协同高效，一体推进坚持和巩固制度、完善和发展制度、遵守和执行制度。[1]只有加强营商环境法规制度体系上下左右的协调配合，把优化营商环境的原则和要求贯彻到立法、执法、司法等各个环节，建立优化营

[1]《习近平主持召开中央全面深化改革委员会第十三次会议强调 深化改革健全制度完善治理体系 善于运用制度优势应对风险挑战冲击》，《人民日报》2020 年 4 月 28 日。

商环境的长效机制，才能依法保护市场主体合法权益，增强市场主体长期投资经营的信心和决心。“十四五”时期，要进一步完善政策制定、实施和异议解决机制，建立常态化的市场主体意见征集机制，搭建政企沟通网上平台，发挥营商环境评价对优化营商环境的引领和督促作用，为市场主体营造稳定、可预期的营商环境。

一、健全营商环境制度体系

以贯彻落实《优化营商环境条例》为契机，加快建章立制，研究开展对现行法律法规的立、改、废、释，建立健全以《优化营商环境条例》为基础，各具体领域法规、规章、规范性文件、政策文件等为依托的制度体系，为优化营商环境改革提供制度依据和法治保障。一方面，以配套制度细化《优化营商环境条例》规定。结合工作实际，围绕市场主体关切，研究制定贯彻落实《优化营商环境条例》的实施细则、具体领域管理办法等规章规范性文件或政策文件。另一方面，以工作规范强化《优化营商环境条例》落实。进一步完善政策制定、政务服务、监管执法等方面的工作机制和管理制度，督促有关工作人员依法规范履职。

建立健全地方成熟改革经验固化推广长效机制，鼓励各地结合实际开展差异化探索，推出更多具有本地特色的优化营商环境创新政策和改革举措，相互学习借鉴、复制推广成熟经验做法，推动全国范围营商环境持续优化。

二、完善政策统筹协调机制

结合经济社会发展总体形势，科学进行制度设计，合理把握规章、规范性文件及其他政策文件制定发布的节奏，全面评估政策出台后效应，避免政策矛盾冲突、新政缺乏过渡期、政策叠加等对市场主体正常生产经营活动造成负面影响。着力提高监管政策预期管理的前瞻性针对性，避免在政策法规没有变化的情况下，因监管突然收紧，影响企业生产经营稳定和投资决策。探索建立涉企政策协调性审核机制，确保涉企政策协调机制贯穿全流程，实现涉企政策与经济社会发展大局、与本部门和其他部门政策、与企业发展实际相协调，增强政策实施效果。

定期对规章、规范性文件的实施情况进行评估，将评估结果作为修改、废止有关规章、规范性文件的重要参考。发现违反上位法规定、相互之间矛盾冲突、妨碍市场公平竞争、侵害市场主体合法权益等情形的，应当及时修改或者废止。加强对重大战略规划、重大政策、重大工程等的评估和督导，切实解决政策执行不到位不准确等问题。

三、依法保护各类市场主体合法权益

加大产权保护力度，全面完善产权保护制度，依法严肃查处各类侵害民营企业合法权益的行为。完善涉企产权保护案件的申诉、复核、重审等机制，健全涉企冤错案件依法甄别纠正常态化机制化。加大中小投资者权益保护力度，完善中小投资者权益保护机制，保障中小投资者的知情权、参与权，提升中小投资者维护合法权益的便利度。加大对知识产权的保护力度，发挥全国打击侵犯知识产权和制售假冒伪劣商品工作领导小组统筹协调作用，建立知识产权快速协同保护机制。完善省级行政区内知识产权案件跨区域审理机制，健全知识产权纠纷多元化解决机制和知识产权维权援助机制。完善和细化知识产权创造、运用、交易、保护制度规则，建立健全知识产权侵权惩罚性赔偿制度，加强企业商业秘密保护，完善新领域新业态知识产权保护制度。

加强政务诚信建设，对拒不履行承诺、严重损害企业合法权益的依法依规追责。实施“新官不理旧账”、拖欠企业账款等专项清理行动，建立清理和防止拖欠账款长效机制和拖欠账款问题约束惩戒机制，提高政府部门和国有企业的拖欠失信成本。明确地方各级人民政府及其有关部门应当履行依法作出的政策承诺以及依法订立的各类合同，不得以行政区划调整、政府换届、机构或者职能调整以及相关责任人更替等为由违约毁约。因国家利益、社会公共利益需要改变政策承诺、合同约定的，应当依照法定权限和程序进行，并依法予以补偿。

四、建立常态化诉求处理机制

立足服务一切企业、一切服务企业，建立健全集需求收集、跟踪督导和结果反馈于一体的企业诉求处理机制，接收公民、法人和其他组织通过网络、邮寄、电话或者当面提交的涉及自身权益的咨询和申诉。

建立完善企业诉求处理联动机制，由职能部门对问题解决进度进行在线跟踪督导，并限期给予解答，打造涉企政策查询、推送、受理等一站式服务，做到企业诉求高效处理、及时回应。探索推行企业诉求订单式管理，实现市场主体对办理事项的即时可查。运用大数据等技术，及时归纳发现营商环境的堵点难点，分析研判市场主体的诉求和期盼，找准服务企业和群众的切入点和着力点，对反映集中的问题针对性整改解决。

五、健全多元化矛盾纠纷化解机制

坚持创新发展新时代“枫桥经验”，把非诉讼纠纷解决机制挺在前面。以一站式多元解纷为切入点，建设具有中国特色、更加适应市场经济需求、便捷高效的矛盾纠纷化解机制，形成从矛盾纠纷源头预防、到诉前多元解纷，再到分层递进、繁简结合、衔接配套的矛盾纠纷多元预防调处化解综合机制，为市场主体提供分层次、多途径、高效率、低成本的纠纷解决方案。

全面推行网上立案、跨域立案服务、音视频调解、网上开庭、网上申诉等诉讼服务。健全行政确权、公证存证、仲裁、调解、行政执法、司法保护之间的衔接机制，加强部门之间信息沟通和共享。加强跨部门跨区域办案协作，健全部门间重大案件联合查办和移交机制。整合律师、公证、司法鉴定、人民调解、仲裁等法律服务资源，为市场主体提供法律咨询、法律援助和法律救济等服务，引导和帮助市场主体依法维权。

六、充分发挥以评促改、以评促优作用

建立和完善以市场主体和社会公众满意度为导向的营商环境评价体系。一方面，动态更新中国营商环境评价指标体系。更加注重落实党中央、国务院决策部署，以深化“放管服”改革、优化营商环境最新决策部署、重要会议、重要文件为依据，结合贯彻落实《优化营商环境条例》，对指标体系和问卷内容进行更新和完善。更加注重反映市场主体感受，增加企业调查问卷的权重，确保“放管服”改革成效由企业和群众说了算。另一方面，逐步扩大参评城市范围。充分发挥营商环境评价对优化营商环境的引领和督促作用，推动更多地方结合营商环境参评工作，加快转变政府管理理念和方式，在法治框架内积极探索原创性、差异化的优化营商环境具体措施，出台更多新招实招硬招，有效提高政府服务质量和效率，

增强企业和群众的获得感。

在营商环境评价中及时梳理总结各地方优化营商环境改革政策和便民服务举措，不断挖掘在解决体制性障碍、机制性梗阻和开展政策性创新等方面的成熟经验和典型做法，搭建更多经验交流平台，复制推广更多创新举措，更好发挥标杆引领、示范带动作用，为推动全国层面改革积累经验，为各地学习借鉴提供参考，督促引导各地区、各部门持续深化改革创新，激发市场主体活力，提振投资兴业信心。

第五节

进一步扩大开放合作，推动建设开放型世界经济

习近平总书记指出，对外开放要继续往更大范围、更宽领域、更深层次的方向走，加强外商投资促进和保护，继续缩减外商投资负面清单。[1]要继续优化营商环境，增强外商长期投资经营的信心。[2]持续提升营商环境国际化水平，努力培育开放型经济主体，营造开放型经济环境，是推进实现更高水平开放、促进更高质量发展的重要抓手。“十四五”时期，要抓住新

[1]《中央经济工作会议在北京举行》，《人民日报》2019 年 12 月 13 日。

[2]《习近平在统筹推进新冠肺炎疫情防控和经济社会发展工作部署会议上强调 毫不放松抓紧抓实抓细防控工作 统筹做好经济社会发展各项工作》，《人民日报》2020 年 2 月 24 日。

一轮对外开放机遇，强化开放理念、开放布局、开放方式创新，深入贯彻《外商投资法》，严格落实好鼓励外商投资的相关政策，向外界更鲜明地表明拥抱开放的决心，推动形成全面开放新格局。

一、坚定不移扩大外资市场准入

持续放宽外商投资市场准入，对外商投资市场准入负面清单只做减法、不做加法，推动“非禁即入”普遍落实。全面实施准入前国民待遇加负面清单管理制度，适时修订发布外商投资准入负面清单、自由贸易试验区外商投资准入负面清单，放宽外资企业设立资产规模、企业数量、股比等限制。持续扩大金融业对外开放，加快推进银行、证券和保险业对外资全面放开市场准入。

对于负面清单范围内涉及固定资产投资的外资新建项目或并购项目，根据股比、高管要求等规定，办理核准手续；对于负面清单之外的外资项目，不得设置单独针对外资的准入限制，除《政府核准的投资项目目录》规定内外资项目均需核准的，其他外资项目实行属地化备案管理。修订《鼓励外商投资产业目录》，聚焦促进制造业高质量发展、发挥中西部地区和东北地区承接产业转移潜力，进一步扩大鼓励范围。支持外资加大创新投入。抓好重大外资项目落地，提高外资服务水平。

二、营造对内外资企业一视同仁的市场环境

各项优化营商环境的改革举措、支持企业发展的政策，均平等适用于内外资企业、内外资项目。涉及外资企业的审批事项，遵循便民、高效原则，公开办理流程、办理条件、办理时限，不得擅自增加审核要求，不得超出办理时限，不得非法干预外商投资自主权。外资企业依法平等参与国家、行业、地方等各层次标准制定修订，可提出标准立项建议，并承担标准起草等工作。政府及其有关部门不得限制外资企业进入政府采购市场或实行差别及歧视待遇。外资项目备案、核准机关及其工作人员不得利用行政手段强制或变相强制转让技术，对于履职过程中知悉的商业秘密，依法予以保密。简化外资项目核准手续，除法律、行政法规另有规定外，核准手续可与其他许可手续并行办理，有条件的地区加快完善在线平台收件、出件功能，实现无纸化办理，暂不具备条件的地方可通过邮寄方式收件、出件，实现不见面办理。

加强与外资企业和外资企业商会沟通交流，宣传解读政策法规，听取外资企业和商会对改善本地区营商环境的建议，主动回应企业关切。制定与外资有关的政策，以座谈会、书面等形式广泛征求外资企业意见，发挥行业协会、企业家、专业人士作用，切实体现内外资一视同仁、平等对待。

三、加快推进相关投资经贸规则国际对接

推动由商品和要素流动型开放向规则等制度型开放转变，加快国内制度规则与国际接轨。积极应对发达经济体“零关税、零壁垒、零补贴”高标准贸易规则挑战，在市场准入、技术标准、竞争中性、服务与数字贸易等方面对标高标准投资经贸规则。探索推动行业分类与国际通用规则接轨。稳步推进“一带一路”国际合作，积极推进中日韩自贸区建设，提升区域经济一体化水平，推动早日达成中欧全面投资协定。主动参与新一轮国际经贸规则制定，大力提升全球经济治理话语权。

把握推进自由贸易港和自由贸易试验区建设契机，以投资自由、贸易自由、资金自由、运输自由、人员从业自由等为重点推进投资贸易自由化便利化，以服务贸易规则对接为重点分类推进自贸试验区先行先试，加快实现贸易、投资、金融体制等领域更高水平开放。

四、切实加强外商合法权益保护

只要在中国注册的企业，不论是内资还是外资，一律平等对待，切实维护各类企业合法权益。禁止利用行政许可、行政处罚等手段强制或变相强制外国投资者、外资企业转让技术。全面落实

《外商投资法》及其实施条例有关规定，对外国投资不实行征收，特殊情况因公共利益需要征收的，应依照法定程序和规定进行，并按市场价值给予补偿。县级以上人民政府及其有关部门应按照公开透明、高效便利原则，建立健全外商投资企业投诉工作机制，畅通政府与外商沟通协调渠道，指定部门或机构专门受理，投诉规则、处理时限等要对外公布，切实维护外资企业合法权益。

完善国际商事纠纷解决机制和机构，深化与“一带一路”沿线国家的国际私法协助，依法妥善化解涉外民商事案件，平等保护中外当事人合法权益，促进内外资企业公平竞争。严格落实《外商投资法》关于不得使用行政手段强制转让技术的规定，对违法者依法严肃处理。

后 记

本书在国家发展改革委党组书记、主任何立峰同志的直接领导下，国家发展改革委法规司组织全司力量扎实做好本书编写工作。

第一章　撰稿人员：刘民、左古月、王宽、王晓赛

第二章　撰稿人员：赵成峰、鲁岩、徐致远

第三章　撰稿人员：赵成峰、鲁岩、徐致远、王宽、刘端端、王晓赛、钟泽铭

第四章　撰稿人员：何瑞琦、刘端端、郑义

第五章　撰稿人员：刘端端、郑义、钟泽铭、杜德瑞

本书全文统稿人员：关继荣

本书全文审稿人员：关继荣、杜尊亚

本书全文校对人员：杜德瑞、莫天明、罗毅、吴玉凯、路煦子、冯晓翔、代峰、甄石

感谢国家发展改革委法规司全体同志的辛勤付出，感谢袁达、赵怀勇、张志强、雷荣林、刘烨、陈坤、刘毅、王宝龙、许寒等同志，国家发展改革委经济体制与管理研究所张林山、李叶妍、陈伟伟等同志对本书进行审稿，感谢中国计划出版社李陵、常欣悦同志承担了本书的编辑工作。在编写出版过程中，有关省市优化营商环境工作牵头部门积极为本书提供典型经验素材。

在此，谨对所有给予本书帮助支持的单位和同志表示衷心感谢。

本书编写组

2020 年 8 月

学习贯彻习近平新时代中国特色社会主义经济思想
做好“十四五”规划编制和发展改革工作
| 系列丛书 |

编委会

主　任： 何立峰

副主任： 宁吉喆　胡祖才

成　员：

郭兰峰　伍　浩　张世昕　袁　达　陈亚军　严鹏程

李云卿　徐善长　欧　鸿　刘小南　童章舜　肖渭明

吴　晓　罗国三　卢卫生　刘德春　欧晓理　哈增友

王建军　陈洪宛　岳修虎　苏　国　杨荫凯　徐建平

文步高　王昌林　刘宇南　周昌恩　郭爱东